Estruturas lexicais do português

Coleção de Linguística

Coordenadores
Gabriel de Ávila Othero – Universidade Federal do Rio Grande do Sul (UFRGS)
Sérgio de Moura Menuzzi – Universidade Federal do Rio Grande do Sul (UFRGS)

Conselho consultivo
Alina Villalva – Universidade de Lisboa
Carlos Alberto Faraco – Universidade Federal do Paraná (UFPR)
Dante Lucchesi – Universidade Federal Fluminense (UFF)
Leonel Figueiredo de Alencar – Universidade Federal do Ceará (UFC)
Letícia M. Sicuro Correa – Pontifícia Universidade Católica do Rio de Janeiro (PUC-Rio)
Luciani Ester Tenani – Universidade Estadual de São Paulo (Unesp)
Maria Cristina Figueiredo Silva – Universidade Federal do Paraná (UFPR)
Roberta Pires de Oliveira – Universidade Federal de Santa Catarina (UFSC)
Roberto Gomes Camacho – Universidade Estadual de São Paulo (Unesp)
Valdir do Nascimento Flores – Universidade Federal do Rio Grande do Sul (UFRGS)

Dados Internacionais de Catalogação na Publicação (CIP)
(Câmara Brasileira do Livro, SP, Brasil)

Basílio, Margarida
  Estruturas lexicais do português : uma abordagem gerativa / Margarida Basílio ; revisão e comentários por Alessandro Boechat, Maria Cristina Figueiredo Silva. – Petrópolis, RJ : Vozes, 2024. – (Coleção de Linguística)

  "Ed. rev. e comentada"
  Bibliografia.

  ISBN 978-85-326-6739-7

  1. Lexicologia 2. Língua portuguesa – Formação das palavras 3. Língua portuguesa – Gramática gerativa I. Boechat, Alessandro. II. Silva, Maria Cristina Figueiredo. III. Título. IV. Série.

24-195021   CDD-413.028

Índices para catálogo sistemático:

1. Lexicologia : Linguística   413.028

Cibele Maria Dias – Bibliotecária – CRB-8/9427

MARGARIDA BASÍLIO

Estruturas lexicais do português
Uma abordagem gerativa

Edição revista e comentada por
Alessandro Boechat e Maria Cristina Figueiredo Silva

Com posfácio de Margarida Basílio

EDITORA VOZES
Petrópolis

© 2024, Editora Vozes Ltda.
Rua Frei Luís, 100
25689-900 Petrópolis, RJ
www.vozes.com.br
Brasil

Todos os direitos reservados. Nenhuma parte desta obra poderá ser reproduzida ou transmitida por qualquer forma e/ou quaisquer meios (eletrônico ou mecânico, incluindo fotocópia e gravação) ou arquivada em qualquer sistema ou banco de dados sem permissão escrita da editora.

CONSELHO EDITORIAL

Diretor
Volney J. Berkenbrock

Editores
Aline dos Santos Carneiro
Edrian Josué Pasini
Marilac Loraine Oleniki
Welder Lancieri Marchini

Conselheiros
Elói Dionísio Piva
Francisco Morás
Gilberto Gonçalves Garcia
Ludovico Garmus
Teobaldo Heidemann

Secretário executivo
Leonardo A.R.T. dos Santos

PRODUÇÃO EDITORIAL

Aline L.R. de Barros
Marcelo Telles
Mirela de Oliveira
Otaviano M. Cunha
Rafael de Oliveira
Samuel Rezende
Vanessa Luz
Verônica M. Guedes

Conselho de projetos editoriais
Isabelle Theodora R.S. Martins
Luísa Ramos M. Lorenzi
Natália França
Priscilla A.F. Alves

Editoração: Débora Spanamberg Wink
Diagramação: Editora Vozes
Revisão gráfica: Nilton Braz da Rocha
Capa: Editora Vozes

ISBN 978-85-326-6739-7

Este livro foi composto e impresso pela Editora Vozes Ltda.

Apresentação da coleção

Esta publicação é parte da **Coleção de Linguística** da Vozes, retomada pela editora em 2014, num esforço de dar continuidade à coleção coordenada, até a década de 1980, pelas professoras Yonne Leite, Miriam Lemle e Marta Coelho. Naquele período, a coleção teve um papel importante no estabelecimento definitivo da Linguística como área de pesquisa regular no Brasil e como disciplina fundamental da formação universitária em áreas como as Letras, a Filosofia, a Psicologia e a Antropologia. Para isso, a coleção não se limitou à publicação de autores fundamentais para o desenvolvimento da Linguística, como Chomsky, Langacker e Halliday, ou de linguistas brasileiros já então reconhecidos, como Mattoso Camara; buscou também veicular obras de estudiosos brasileiros que então surgiam como lideranças intelectuais e que, depois, se tornaram referências para a disciplina no Brasil – como Anthony Naro, Eunice Pontes e Mário Perini. Dessa forma, a **Coleção de Linguística** da Vozes participou ativamente da história da Linguística brasileira, tendo ajudado a formar as gerações de linguistas que ampliaram a disciplina nos anos de 1980 e 1990 – alguns dos quais ainda hoje atuam intensamente na vida acadêmica nacional.

Com a retomada da **Coleção de Linguística** pela Vozes, a editora quer voltar a participar decisivamente das novas etapas de desenvolvimento da disciplina no Brasil. Agora, trata-se de oferecer um veículo de disseminação da informação e do debate em um novo ambiente: a Linguística é hoje uma disciplina estabelecida nas universidades brasileiras; é também um dos setores de pós-graduação que mais crescem no Brasil; finalmente, o próprio quadro geral das universidades e da pesquisa brasileira atingiu uma dimensão muito superior à que se testemunhava nos anos de 1970 a 1990. Dentro desse quadro, a **Coleção de Linguística** da Vozes tem novas missões a cumprir:

- em primeiro lugar, é preciso oferecer aos cursos de graduação em Letras, Filosofia, Psicologia e áreas afins material renovador, que permita aos alunos integrarem-se ao atual patamar de conhecimento da área de Linguística;

- em segundo lugar, é preciso continuar com a tarefa de colocar à disposição do público de língua portuguesa obras decisivas do desenvolvimento, passado e recente, da Linguística;

- finalmente, é preciso oferecer ao setor de pós-graduação em Linguística e ao novo e amplo conjunto de pesquisadores que nele atua um veículo adequado à disseminação de suas contribuições: um veículo sintonizado, de um lado, com o que se produz na área de Linguística no Brasil; e, de outro, que identifique, nessa produção, aquelas contribuições cuja relevância exija uma disseminação e atinja um público mais amplo, para além da comunidade dos especialistas e dos pesquisadores de pós-graduação.

Em suma, com esta **Coleção de Linguística**, esperamos publicar títulos relevantes, cuja qualidade venha a contribuir de modo decisivo não apenas para a formação de novas gerações de linguistas brasileiros, mas também para o progresso geral dos estudos das Humanidades neste início de século XXI.

Gabriel de Ávila Othero
Sérgio de Moura Menuzzi
Organizadores

Sumário

Apresentação da coleção

Apresentação, 9
Alessandro Boechat e Maria Cristina Figueiredo Silva

1 Discussão preliminar, 15
    1.1 Introdução, 15
    1.2 A noção de competência lexical, 17
    1.3 Produtividade lexical, 19
    1.4 Sobre o falante ideal, 25
    1.5 Organização geral do trabalho, 28
    1.6 Especificação da terminologia, 30
2 Perspectiva histórica, 35
    2.1 Introdução, 35
    2.2 Breve estudo evolutivo da morfologia derivacional, 36
    2.3 A hipótese lexicalista: discussão de propostas, 42
    2.4 Considerações finais, 57
3 Formação e análise de palavras no componente lexical, 67
    3.1 Introdução, 67
    3.2 Regras de formação de palavras e suas contrapartes de análise estrutural, 68

3.3 Regras "isoladas" de análise estrutural, 79
3.4 Paradigmas derivacionais e a morfologia baseada em palavras, 87
3.5 Sistemas derivacionais e sistemas flexionais, 93
3.6 Sumário de propostas, 95

4 O fenômeno da nominalização em português, 97
4.1 Introdução, 97
4.2 Relações N/V em português: nomes morfologicamente básicos, 101
4.3 Relações N/V em português: nomes deverbais, 106
4.4 Nominalização como uma relação paradigmática, 108

5 Entradas lexicais e traços categoriais, 117
5.1 Introdução, 117
5.2 A restrição categorial e os agentivos em -*dor*, 118
5.3 Pares N/V em inglês e regras de adição de zero, 126

6 Considerações finais, 133
6.1 Introdução, 133
6.2 Operação de RFPs sobre radicais presos, 134
6.3 Padrões lexicais gerais, 138
6.4 Conclusões, 142

Apêndice: Amostragem de pares N/V em português, 147
Bibliografia da obra, 163
Bibliografia dos comentários, 165

Posfácio por Margarida Basílio, *167*

Apresentação

Alessandro Boechat de Medeiros (UFRJ)
Maria Cristina Figueiredo Silva (UFPR/CNPq)

Para avaliarmos com precisão o tamanho e a qualidade do impacto do lançamento de *Estruturas Lexicais* por Margarida Basílio no início dos anos de 1980, é preciso traçar um pouco os caminhos percorridos pelos estudos morfológicos no contexto nacional e internacional na época. O estruturalismo havia tido grande penetração na linguística brasileira e durante os anos de 1970 ainda era ele que reinava, mesmo com a entrada (talvez um pouco tímida) da gramática gerativa no país, que parecia se dedicar fundamentalmente à sintaxe. Mas não há dúvidas de que o legado de Mattoso Camara Jr., em particular através de seu livro inacabado de 1970[1], teve grande influência sobre as publicações em morfologia naquela década (como mostra o trabalho de Antônio Sandmann publicado em 1972 na *Revista Letras*), deixando pouco espaço para outras abordagens.

A prevalência do estruturalismo, aliás, não era, naquele momento, um problema estritamente nacional: de modo geral, o advento da gramática gerativa trouxe um grande impulso para os estudos sintáticos (que, no estruturalismo, eram quase inexistentes ou, numa formulação mais amena,

---

1. Trata-se de *Estrutura da Língua Portuguesa*, que recebeu recentemente uma edição crítica publicada pela Editora Vozes (cf. Camara Jr., 2019).

pouco convincentes), mas em Teoria Padrão – no modelo de Chomsky (1965) – tudo se resolvia por transformações, incluindo uma série de operações reconhecidamente morfológicas, como a conjugação de verbos ou mesmo processos derivacionais, como as nominalizações. E os problemas morfológicos que não se resolviam por transformações sintáticas se resolviam na fonologia, de modo que investigações voltadas para questões própria e exclusivamente morfológicas tinham pouco espaço na perspectiva gerativista dos estudos linguísticos sincrônicos.

É preciso dizer que, internacionalmente, o panorama muda com a publicação do célebre texto de Chomsky intitulado "Remarks on nominalization", em 1970[2]. Embora exista mais de uma avaliação sobre qual foi o impacto exato desse texto na comunidade acadêmica, sem dúvida ele é um marco no sentido de admitir a existência de processos lexicais e de impor uma série de restrições ao que poderia ser tratado por transformações na gramática. Assim, logo nos primeiros anos da década de 1970, uma nova frente de trabalho se abre dentro do quadro gerativista, com a busca e a proposição de uma teoria vera e própria do léxico e da morfologia. Os principais nomes dessa frente de pesquisa nos Estados Unidos são Morris Halle, Mark Aronoff e Ray Jackendoff.

Margarida Basílio desenvolve sua pesquisa de doutorado nessa mesma década nos Estados Unidos, na Universidade do Texas. Seu livro *Estruturas Lexicais*, publicado em 1980, mas efetivamente construído no meio dos anos de 1970 na sua tese de doutorado, dialoga claramente com a obra de Aronoff, publicada em 1976, intitulada *Word Formation in Generative Grammar*; e o faz em diferentes níveis. Basílio promove uma revisão de certos conceitos da obra de Aronoff, como é o caso da noção de "produtividade de uma regra", que parece se constituir, para esse autor, como um contínuo; por isso, para ele, apenas as regras de formação de palavras (as RFPs) seriam suficientes tanto para gerar uma forma nova quanto para perscrutar o interior de uma forma improdutiva. Para Basílio, esse não é

---

2. Recentemente traduzido como "Notas sobre nominalização" (Chomsky, 2022).

um bom estratagema para lidar com o problema: ela sustenta que é preciso separar as RFPs das regras que enxergam a estrutura interna de qualquer forma (as regras de análise estrutural, ou RAEs).

Além disso, embora se identifique com a proposta mais restritiva de Aronoff de que a morfologia deve se fazer por palavras – contra Halle (1973), por exemplo, para quem as regras de formação de palavras também podem combinar morfemas entre si –, ela permite que regras se apliquem a raízes. Isso, no entanto, não significa que sua teoria seja mais frouxa do que a de Aronoff: se por um lado essa abordagem amplia os tipos possíveis de processos morfológicos, por outro é um movimento com o qual Margarida Basílio busca eliminar as regras de truncamento – cujas aplicações, ela argumenta, são com frequência soluções *ad hoc* ou simplesmente indefensáveis.

É preciso dizer que o ambiente gerativista do fim dos anos de 1970 nos Estados Unidos também propicia o surgimento de alternativas a teorias baseadas em regras morfológicas, como o são as de Aronoff (1976), Basílio (1980) ou Anderson (1982, 1992). Por exemplo, a tese de Rochelle Lieber, de 1980, traz para dentro da morfologia uma gramática de estrutura de constituintes, algo bem longe das teorias baseadas em regras que dominavam o cenário da morfologia de orientação gerativa nos anos de 1970. O mesmo se pode dizer dos trabalhos de Selkirk, de 1982 (*The Syntax of Words*), e de Di Sciullo e Williams, de 1987 (*On the Definition of Word*), para citar os mais influentes. Sob certo ponto de vista, também o trabalho de Basílio inova trazendo elementos estranhos ao modo de fazer teoria gerativa dos anos de 1970: é o caso da ideia de que as nominalizações são um processo de formação de palavras à parte, diferente das outras regras de formação de palavras que operam no léxico, seja pela indiscutível prevalência dos pares N-V no léxico, seja pela impossibilidade, em muitos casos, de se estabelecer a direção da derivação (do nome para o verbo ou do verbo para o nome?).

Quando volta ao Brasil, após sua defesa de tese em 1977, cabe a Margarida Basílio iniciar esse novo campo de pesquisa por aqui. Assim, não é demais dizer que sua tese, na qual se baseia este livro publicado pela

Editora Vozes originalmente em 1980, inaugura a morfologia gerativa no Brasil. Seu trabalho posterior de pesquisa e formação de quadros é impressionante pelos números e pela qualidade: são praticamente uma dezena de livros publicados e mais meia centena de capítulos de livros e artigos em periódicos somados; além disso, são quase 30 dissertações de mestrado e 20 teses de doutorado orientadas. Uma vida de morfóloga – de dedicação ao progresso da morfologia no Brasil e à formação de gerações de especialistas dedicados ao universo das estruturas lexicais.

REFERÊNCIAS

ANDERSON, S. Where's morphology? *Linguistic Inquiry*, Cambridge, v. 13, n. 4, p. 571-612, 1982.

ANDERSON, S. *A-morphous morphology*. Cambridge: Cambridge University Press, 1992.

ARONOFF, M. *Word formation in generative grammar*. Cambridge: MIT Press, 1976.

BASÍLIO, M. (1980). *Estruturas lexicais do português*: uma abordagem gerativa. Petrópolis: Vozes, 1980.

CAMARA JR., J. M. *Estrutura da língua portuguesa*. Petrópolis: Vozes, 1970.

CAMARA JR., J. M. *Estrutura da língua portuguesa*: edição crítica. Edição, estabelecimento de texto, introdução e notas de Emílio Gozze Pagotto, Maria Cristina Figueiredo Silva e Manoel Mourivaldo Santiago-Almeida. Petrópolis: Vozes, 2019 [1970].

CHOMSKY, N. *Aspects of the theory of syntax*. Cambridge: MIT Press, 1965.

CHOMSKY, N. Remarks on nominalization. *In*: JACOBS, R.; ROSENBAUM, P. (ed.). *Readings in english transformational grammar*. Waltham: Ginn & Co., 1970. p. 184-221.

CHOMSKY, N. Notas sobre nominalização. *Cadernos do Instituto de Letras*, Porto Alegre, n. 65, p. 437-496, 2022 [1970]. Tradução de Maurício Resende e Gabriel de Ávila Othero.

DI SCIULLO, A. M.; WILLIAMS, E. *On the definition of word*. Cambridge: MIT Press, 1987.

HALLE, M. Prolegomena to a theory of word formation. *Linguistic Inquiry*, Cambridge, v. 4, n. 1, p. 3-16, 1973.

JACKENDOFF, R. Toward an explanatory semantic representation. *Linguistic Inquiry*, Cambridge, v. 7, n. 1, p. 89-150, 1976.

LIEBER, R. *The organization of the lexicon*. 1980. Tese (Doutorado em Filosofia) – Instituto de Tecnologia de Massachusetts (MIT), Cambridge, 1980.

SANDMANN, A. J. O morfema de grau: sufixo flexional ou derivacional? *Revista Letras*, Curitiba, n. 20, p. 134-147, 1972.

SELKIRK, E. *The syntax of words*. Cambridge: MIT Press, 1982.

Discussão preliminar

1.1 INTRODUÇÃO

Este trabalho é dedicado ao estudo da morfologia derivacional numa abordagem gerativa. Na gramática tradicional, assim como no estruturalismo, a morfologia derivacional é definida como a parte da gramática de uma língua que descreve a formação e a estrutura das palavras[3]. Numa abordagem gerativa, podemos dizer que a morfologia derivacional é a parte da gramática que dá conta da competência do falante nativo no léxico de sua língua.

Também podemos pensar que a morfologia derivacional está relacionada à forma dos radicais, enquanto a morfologia flexional nos dá a forma final da palavra, que muitas vezes depende do contexto sintático. Por exemplo, na palavra *fertilizávamos*, a combinação do adjetivo *fértil* com o morfema verbalizador *-iz-* faz parte daquilo que chamamos de morfologia derivacional, enquanto a sequência de desinências *-vamos* é morfologia flexional: a desinência *-mos* é, inclusive, dependente do sujeito da frase para ser como é.

Em estudos morfológicos anteriores ao desenvolvimento da gramática gerativa transformacional não se estabelecia uma interação direta entre os níveis tradicionais da gramática, tais como a morfologia e a sintaxe; o estudo da formação de palavras se

No estruturalismo, a rigor, há alguma relação entre os níveis de estruturação linguística, mas a relação mais direta é apenas entre fonologia e morfologia, não entre morfologia e sintaxe, inclusive porque a sintaxe estruturalista é muito incipiente.

---

3. Em oposição à flexão, que se refere a variações sintaticamente condicionadas na forma das palavras. O sentido de "palavra" neste contexto corresponde ao que Matthews (1974, p. 23) chama de "lexema".

limitava a uma listagem de elementos morfológicos e suas possibilidades de combinação em gramáticas particulares. Por outro lado, não se dava atenção ao aspecto criativo da linguagem, embora este fosse reconhecido tanto na gramática tradicional como no estruturalismo.

Nos primeiros estágios de desenvolvimento da teoria gerativa transformacional os estudos de morfologia derivacional foram praticamente abandonados. Processos derivacionais gerais, tais como nominalizações, atraíram a atenção de muitos linguistas, mas esses processos eram tratados por meio de transformações. Em outras palavras, longe de constituírem estudos morfológicos, as descrições de processos derivacionais gerais representavam, naquele período, uma tentativa de banir a parte da gramática que tradicionalmente chamamos de morfologia derivacional.

"Remarks on nominalization" divide os nominais do inglês em dois grupos distintos: os nominais gerundivos (como em *Hitler's destroying (of) Germany*, que em português seriam, talvez, algo próximo a infinitivos nominais como o sujeito da frase *Hitler destruir a Alemanha não me surpreendeu*), que são efetivamente derivados na sintaxe por meio de operações transformacionais; e os nominais derivados (como em *Hitler's destruction of Germany* – a destruição da Alemanha por Hitler), que serão agora formados no léxico por meio de operações ainda a serem formuladas, segundo Chomsky (1970). Mais adiante, em momento mais propício, forneceremos mais detalhes sobre esse importante artigo de Chomsky e seu contexto.

Estudos de morfologia derivacional propriamente dita numa abordagem gerativa se desenvolveram sobretudo com o advento da hipótese lexicalista, apresentada por Chomsky no artigo "Remarks on nominalization", de 1970. De acordo com essa hipótese, nominais derivados – isto é, formas nominais derivadas de verbos – deveriam se inserir diretamente na estrutura profunda sob nódulos de SN, e as estruturas nominais não seriam mais derivadas por transformação. Assim, pares Nome/Verbo (doravante N/V), como *solução/solucionar*, *contar/contagem* etc., seriam relacionados no âmbito do léxico.

A hipótese lexicalista enfatiza a possibilidade de se dar conta de relações entre palavras na esfera do léxico. Assim, a aceitação gradual da hipótese lexicalista provocou o desenvolvimento de estudos sobre a estrutura do léxico, numa perspectiva totalmente nova dentro da tradição da teoria transformacional. Adotando essa perspectiva, os linguistas tiveram que se defrontar com a tarefa de construir um modelo para representar a competência de um falante nativo no léxico de sua língua.

Esse conceito será amplamente explorado no texto e por isso dispensa uma nota explicativa. Por agora, basta dizer que é essa hipótese que permite ver o léxico não apenas como um repositório de palavras, mas também como um espaço onde se estruturam relações entre as palavras.

1.2 A NOÇÃO DE COMPETÊNCIA LEXICAL

Embora o aspecto criativo da linguagem tenha sido tacitamente assumido tanto na gramática tradicional como no estruturalismo, só na teoria transformacional a gramática é vista primariamente como um modelo que pretende representar o conhecimento subjacente ao uso criativo da língua pelo falante nativo. A noção de competência, isto é, o conhecimento que o falante tem de sua língua enquanto falante nativo, é um dos conceitos mais básicos na teoria gerativa.

No modelo *standard* da teoria gerativa transformacional, entende-se por "conhecimento da língua" a capacidade que o falante tem de atribuir descrições estruturais a sentenças. Estas constituem um conjunto infinito, cujos membros são definidos pelas regras da gramática gerativa. Nesse contexto, não faz sentido estabelecer uma diferença entre "gerar" e "atribuir uma descrição estrutural": "Quando dizemos que uma gramática gera uma sentença com uma descrição estrutural, queremos simplesmente dizer que a gramática atribui esta descrição estrutural à sentença" (Chomsky, 1965, p. 9).

Entretanto, a situação não é exatamente a mesma no léxico. Sabemos que os falantes de uma língua podem formar palavras novas nessa língua, assim como analisar a estrutura de palavras já existentes e estabelecer relações de vários tipos entre elas. Mas, ao mesmo tempo, o léxico é uma lista de entradas lexicais. Assim, o léxico não pode ser considerado uma mera lista de entradas lexicais, caso em que a competência lexical corresponderia ao conhecimento dessa lista; nem pode ser considerado apenas um conjunto de regras, como na sintaxe das sentenças[4].

---

4. Na Teoria Padrão, não faz sentido estabelecer uma oposição entre "léxico" e "sintaxe", já que o léxico faz parte do componente sintático. No arcabouço que estamos adotando, o léxico é distinto do componente sintático, embora relacionado a ele.

É preciso ter em mente que, na Teoria Padrão, a inserção lexical é uma transformação – a primeira delas. Lembremos que transformações são, nesse modelo em que se move Basílio, baterias de regras que operam sobre estruturas já construídas e têm o poder de apagar, mover, substituir ou adicionar material. As regras transformacionais diferem, assim, das regras de estrutura de frase livres do contexto, que geram marcadores frasais iniciais. É fácil então entender por que a primeira transformação é a inserção lexical: uma vez construído o marcador frasal com as categorias abstratas (NP, VP etc.), é preciso inserir itens do léxico nos nós terminais, de modo a obter a estrutura profunda da sentença real, que será posteriormente manipulada pelas outras transformações.

Em suma, qualquer modelo da competência lexical de um falante nativo deve incluir tanto uma lista de itens lexicais como um sistema de regras que dê conta de sua capacidade de relacionar itens lexicais uns aos outros, analisar a estrutura interna desses itens e, naturalmente, formar novas palavras. Mas isso não é o bastante.

Consideremos, por exemplo, o fenômeno de bloqueio, discutido em Aronoff (1976). Regras que são normalmente produtivas, no sentido de que podem operar na formação de palavras novas na língua, têm, por vezes, sua atuação bloqueada em certos itens, pelo simples fato de que já existe na língua uma palavra para exercer a função que a palavra a ser formada exerceria. Por exemplo, não aceitamos *divulgamento em português não por causa de alguma restrição à combinação dos elementos divulga- e -mento, mas porque o conhecimento de que a forma nominalizada de divulgar é divulgação faz parte da competência lexical dos falantes de português.

Sabe-se hoje que, para este caso particular, é possível, para a maior parte desses casos, avançar uma explicação baseada em tendências de cunho aspectual/acional, do mesmo modo que para as formas nominalizadas em -mento. Segundo Freitas (2015), verbos transitivos e inergativos tendem a tomar -ção como nominalizador, enquanto inacusativos são preferencialmente nominalizados por -mento, uma hipótese que a própria Margarida Basílio cogitou, mas que os dados por ela analisados, do Projeto da Gramática do Português Falado, não corroboraram. Também Lemle (2002) já tinha observado preferências morfológicas claras desses nominalizadores – por exemplo, verbos formados por sufixação em -izar tomam preferencialmente -ção como nominalizador (sinalizar > sinalização), enquanto verbos em -ecer preferem nominalizações em -mento (emagrecer > emagrecimento). Neste caso específico, o trabalho de Margarida Basílio é mais contundente: todo verbo em -izar nominaliza com -ção, e todo verbo em -ecer nominaliza em -mento.

Fenômenos desse tipo mostram que não podemos deixar de levar em conta a interação que existe entre os dois aspectos do léxico – a lista de entradas lexicais e o conjunto de regras. Em outras palavras, a competência lexical não se resume apenas ao conhecimento da lista de entradas lexicais e ao sistema de regras; ela inclui também o conhecimento de restrições ao uso de regras, restrições que decorrem, pelo menos parcialmente, da lista de itens lexicais e suas inter-relações.

É preciso dizer que, na época em que o livro foi escrito, também em sintaxe se falava de conhecimento das restrições ao uso das regras; de qualquer modo, o que é definitivamente particular à morfologia é o conhecimento (mesmo que parcial) da lista de itens lexicais e suas inter-relações, como propõe Basílio aqui.

Devemos, portanto, assumir que a competência de um falante nativo no léxico de sua língua inclui (a) o conhecimento de uma lista de entradas lexicais; (b) o conhecimento da estrutura interna dos itens lexicais, assim como relações entre os vários itens; e (c) o conhecimento subjacente à capacidade de formar entradas lexicais gramaticais novas e, naturalmente, rejeitar as agramaticais.

Esses três itens especificados são obviamente inter-relacionados. Entretanto, a opinião corrente de que os itens (b) e (c) deveriam ser identificados está longe de constituir um ponto pacífico.

1.3 PRODUTIVIDADE LEXICAL

A questão da produtividade no léxico é bastante complexa numa gramática gerativa, porquanto, conforme observa Chomsky (1965), a produtividade lexical é tipicamente esporádica e irregular. Por esse motivo, durante muito tempo os linguistas tentaram descrever processos derivacionais gerais por meio de transformações, mantendo, assim, a concepção do léxico como uma simples lista de entradas lexicais[5].

Com o desenvolvimento de estudos sobre a estrutura do léxico, provocado pelo advento da hipótese lexicalista, os linguistas começaram a focalizar com mais interesse o problema da produtividade lexical. Entretanto, o pressuposto de que a produtividade lexical (e a competência lexical) devia ser tratada do mesmo modo que a produtividade sentencial (e a competência sentencial) parece ter causado muitas dificuldades ao estudo da produtividade no léxico.

Em algumas propostas para um modelo do léxico, dentro da hipótese lexicalista, os linguistas se concentraram ou em regras de formação de palavras, isto é, regras que podem

Aqui, Basílio talvez faça alusão ao tratamento transformacional das nominalizações, que dominava os estudos gerativos antes do surgimento da hipótese lexicalista (Chomsky, 1970). Por exemplo, em Lees (1960) e até mesmo em Chomsky (1965), sintagmas nominais complexos como a *destruição de Roma pelos bárbaros* eram derivados de "sentenças" por meio de transformações sintáticas; no caso específico desse exemplo, o sintagma nominal seria derivado da sentença *os bárbaros destruíram Roma*. Os problemas desse tratamento são: (a) nem sempre é possível gerar uma forma nominal (com exceção talvez das gerundivas em inglês; cf. anteriormente) a partir de uma sentença; (b) nem sempre a forma nominal derivada preserva o significado da sentença de base. Esse problema se verifica, por exemplo, se tentamos derivar, por meio de transformações, o sintagma nominal *o caimento do telhado da minha casa* da sentença *o telhado da minha casa caiu*. Aqui, o sintagma nominal *o caimento do telhado da minha casa* não denota um evento de cair, mas um grau de inclinação do telhado.

---

5. Esta posição não constitui uma negação ao fato de que palavras podem apresentar estruturação interna, mas apenas um reflexo da dificuldade de abordar o problema da produtividade marginal que caracteriza o léxico. Sobre este ponto, cf. Chomsky (1965, p. 187).

<small>Lembremos que, do final dos anos de 1970 até o começo dos anos de 1980, dominavam as teorias baseadas em regras; assim, regras de redundância lexical fazem parte do modo corrente à época de tratar certos fenômenos. Como esse conceito será amplamente discutido neste capítulo, não será preciso nos estendermos aqui sobre ele.</small> formar palavras novas na língua, ou em regras de redundância lexical, isto é, regras que expressam generalizações entre itens já existentes no léxico.

Consideremos, por exemplo, a proposta de Halle (1973) no artigo "Prolegomena to a theory of word formation". Nesse modelo, o léxico consiste em uma lista de elementos básicos – correspondendo, em geral, aos morfemas do estruturalismo – e um sistema de regras de formação de palavras, que especificam todas as combinações possíveis entre os elementos básicos. Esse sistema de regras, juntamente com a lista de elementos básicos, determina todas as entradas lexicais possíveis dentro da língua. O produto do sistema de regras passa então por um filtro, cuja função é dar a esses itens todos os traços idiossincrásicos que se encontram no conjunto real de palavras da língua. O produto do filtro constitui o dicionário da língua. Contudo, a estrutura do filtro não é especificada, de modo que a proposta de Halle não apresenta qualquer interesse para a questão da produtividade lexical.

Um outro modelo em que o aspecto criativo do léxico, embora reconhecido, não recebe um tratamento adequado é o proposto por Jackendoff (1975) no artigo "Morphological and semantic regularities in the lexicon". No modelo de Jackendoff, o léxico consiste basicamente em um conjunto de entradas lexicais plenamente especificadas e um conjunto de regras de redundância lexical, que tem a função de relacionar entradas lexicais umas às outras, na base de regularidades fonológicas e sintático-semânticas.

<small>Chamamos aqui a atenção do leitor para um traço da teoria de Jackendoff que pode ser útil para a compreensão da exposição: nessa visão existiriam itens no léxico que se associam por meio de informações ou propriedades compartilhadas, que são, por isso, redundantes, pois são comuns a essas entradas. Por exemplo, construir e construção selecionam um mesmo tipo de complemento, denotam o mesmo tipo de atividade ou evento etc.</small>

Reconhecendo que o léxico também apresenta uma dimensão criativa, Jackendoff sugere que seu modelo deveria sofrer uma revisão, a fim de permitir o uso criativo de regras de redundância lexical. Segundo o autor, qualquer regra de redundância, uma vez adquirida, pode ser usada criativamente; assim, as regras de redundância definiriam uma classe de entradas lexicais possíveis dentro de uma língua (Jackendoff, 1975).

<small>E isso porque o uso criativo de uma regra de redundância equivale a ter ali uma regra produtiva de formação de palavras.</small>

No que tange à produtividade, a proposta de Jackendoff é uma variante notacional do modelo de Halle. Dizendo que qualquer regra de redundância pode ser usada produtivamente, Jackendoff considera a produtividade das regras do léxico em termos de uma especificação da classe das entradas lexicais possíveis. E é exatamente esta a função do conjunto de regras de formação de palavras na proposta de Halle. Assim, o problema é o mesmo em ambos os modelos. Podemos dar conta de relações gerais entre os itens lexicais de um dado *corpus*, mas não temos elementos que nos permitam fazer predições quanto à produtividade lexical, que é específica do léxico, diferentemente da criatividade na sintaxe das sentenças.

No livro *Word Formation in Generative Grammar*, Aronoff (1976) aborda a questão da produtividade lexical de uma maneira mais interessante. No modelo de Aronoff, regras de formação de palavras são definidas especificamente como regras que podem criar novos itens lexicais dentro da língua. O autor não pretende dar conta da estrutura das palavras que já existem no léxico, mas definir a capacidade do falante de formar novas palavras em sua língua.

De maneira mais específica, ele reconhece que, ao contrário do que acontece na sintaxe sentencial, na morfologia derivacional temos que fazer uma distinção entre as classes de palavras teoricamente possíveis e as classes de palavras realmente possíveis. Assim, uma das tarefas mais importantes da morfologia é a determinação de quais palavras um falante pode formar. Essa abordagem, em que há um reconhecimento implícito da interação entre a lista de itens já existentes no léxico e as regras normais de formação de palavras, possibilita a elaboração de hipóteses interessantes sobre a produtividade lexical.

> Notemos que aqui a autora não está falando das tradicionais classes de palavras como substantivo, verbo etc.; antes, ela está se referindo de fato a grupos ou conjuntos de palavras possíveis, mas não existentes, e àqueles existentes.

Algumas das contribuições mais importantes de Aronoff para o estudo da produtividade lexical são (a) o estabelecimento de condições morfológicas sobre a operação de regras produtivas, isto é, a observação de que o grau de produtividade de uma regra depende em parte de determinadas características morfológicas das bases; (b) o estabelecimento de uma relação entre coerência semântica e produtividade; e (c) a definição do fenômeno de bloqueio, isto é, a não existência de alguma forma teoricamente possível por causa da existência prévia de uma outra forma que já exerce a mesma função que a forma teoricamente possível exerceria.

Contudo, ainda que se reconheça que a produtividade no léxico é diferente da criatividade em sintaxe sentencial, e que, portanto, regras de formação de palavras não são necessariamente identificadas com regras de redundância lexical, Aronoff propõe que apenas regras de formação de palavras podem operar como regras de redundância lexical. Essa afirmação tem interesse teórico na medida em que poderia proporcionar um meio de caracterização de generalizações relevantes no léxico.

Entretanto, embora interessante em relação ao fenômeno da redundância lexical, a afirmação de Aronoff traz problemas para a questão da produtividade lexical. Isso acontece porque, na medida em que negarmos a existência de qualquer regra de redundância desligada de regras de formação de palavras, não poderemos nos perguntar o que faz uma regra ser produtiva ou, inversamente, o que faz uma regra deixar de ser produtiva.

Se aceitarmos a sugestão de Aronoff, poderemos dar conta das formações possíveis de palavras novas dentro da língua, e nessa abordagem o termo "possível" deve ser entendido de uma maneira mais interessante do que nas outras propostas; mas não poderemos dar conta de palavras que têm uma estrutura interna facilmente identificável, caso elas não se relacionem a regras que possamos considerar produtivas. Em outras palavras, aceitando a sugestão de Aronoff, estaríamos nos afastando do problema crucial de como formular

---

É preciso lembrar que, na época em que Aronoff e Jackendorff estão publicando seus trabalhos, outros autores também estão pensando nessas questões, oferecendo soluções bastante diferentes para o problema em tela. Por exemplo, Halle (1973), que supõe uma morfologia baseada em morfemas, permite que sejam geradas as mais diversas combinações que simplesmente não existem nas línguas e por isso mesmo devem ser marcadas, de modo a jamais chegarem a ser introduzidas no input da sintaxe. Por outro lado, no conjunto de formas que não é excluído, estão palavras possíveis e palavras reais. É a essa diferença que Basílio quer fazer referência no seu texto.

testes ou métodos seguros de distinção entre meras redundâncias e redundâncias linguisticamente relevantes.

Consideremos, nesse contexto, o caso dos verbos formados de X + *ate* em inglês (*participate* 'participar', *concentrate* 'concentrar', *demonstrate* 'demonstrar', *cooperate* 'cooperar' etc.). Esses verbos são muito numerosos em inglês, mas, ao que se saiba, não existe uma regra lexical que permita aos falantes de inglês formar novos verbos da forma X + *ate*[6]. Entretanto, o fato de que os falantes de inglês podem criar automaticamente formas nominalizadas X*ate* + *ion*, na base de verbos X + *ate*, por meio da regra produtiva de adição de -*ion*, indica que os falantes reconhecem nesses verbos a estruturação X + *ate*. Assim, assumindo que -*ate* é um elemento improdutivo em inglês, temos um contraexemplo para a hipótese de Aronoff.

Há todo um anedotário sobre falsas redundâncias (que poderíamos chamar também de coincidências de forma) e redundâncias que são significativas. Um dos melhores exemplos vem de Luis Fernando Veríssimo, num texto chamado "Mais palavreado", do livro *O analista de Bagé*. Segue um trecho com o fenômeno em questão em dois segmentos distintos – *trucou-retrucou; pia-copia*:

– Vossa Ardência conhece a xerox emplumada?
– Xerox emplumada?
– É uma ave que nós descobrimos.
– E ela *pia*? – <u>trucou</u> o rei.
– *Copia* – <u>retrucou</u> Metatarso.

A ideia aqui é a seguinte: como as formas verbais X + *ate* são um conjunto fechado que não admite novos elementos, não seria possível usar uma regra de formação de palavras para, digamos, explicitar que essas palavras são formadas por uma raiz e uma terminação verbalizadora, -*ate*, uma vez que regras de formação de palavras são produtivas. E como a estrutura de uma palavra só pode ser representada por uma regra de formação de palavras na proposta de Aronoff, não teríamos meios de expressar a regularidade da combinação de uma raiz com o sufixo -*ate* em tais verbos. Mas essa regularidade está certamente representada na competência lexical dos falantes do inglês, uma vez que aplicam de maneira produtiva a regra de nominalização com -*ion* às formas X + *ate*. Assim, uma teoria que só considera como regras de redundância as regras de formação de palavras, como a de Aronoff (1976), terá dificuldades com casos como esse.

Sumarizando, em algumas propostas para uma teoria do léxico dentro da hipótese lexicalista, existe o pressuposto implícito, derivado da tradição de estudos de criatividade sintática sentencial, de que a diferença entre "produção" e "atribuição de estrutura" não é uma diferença de competência. Esse pressuposto não é bem motivado para o léxico, já que no léxico o caráter da produtividade é bastante diferente do caráter da criatividade sentencial. Além disso, esse pressuposto acaba bloqueando o desenvolvimento de propostas interessantes acerca da produtividade no léxico.

---

6. Na verdade, é difícil imaginar que tipo de especificação poderíamos dar às supostas bases de operação da regra de adição de -*ate*.

Por esse motivo, afirmamos neste trabalho que regras produtivas de formação de palavras, embora relacionadas a regras de redundância lexical, não devem ser identificadas a estas últimas. Mais especificamente, tudo o que podemos admitir no momento é que uma regra de redundância lexical, uma vez adquirida, é potencialmente produtiva. Se ela é ou não é produtiva de fato, eis a questão central no estudo da produtividade lexical. As respostas parciais a essa questão crucial serão mais facilmente procuradas se estabelecermos uma distinção entre regras de formação de palavras e regras de redundância lexical, apesar de, para as últimas, a apresentação de motivação empírica direta ser de extrema dificuldade[7].

> Neste trabalho, Basílio proporá as regras de análise estrutural (RAE), que não são produtivas como as regras de formação de palavras (ainda que possam acompanhar regras de formação de palavras, sendo sua contraparte de análise estrutural), mas explicitam a estrutura morfológica interna de itens complexos do léxico. Mais adiante veremos o que são e como funcionam as RAEs.

No presente estágio de desenvolvimento de estudos lexicais, essa distinção entre os dois tipos de regras não pode ser motivada de uma maneira cabal. Entretanto, a distinção proposta se revelou de grande proveito na resolução de uma série de problemas para os quais as propostas anteriores não apresentaram solução satisfatória alguma. Assim, embora não possamos no momento trazer evidência alguma conclusiva sobre a questão, não há dúvida de que o pressuposto sobre o qual este trabalho se desenvolve está plenamente justificado.

---

7. Regras de redundância são difíceis de motivar por razões de ordem prática. O reconhecimento de uma forma dada pode ser devido tanto à aplicação de uma regra de redundância quanto à mera memorização, de modo que a formulação de testes seguros é muito difícil. Evidência indireta é disponível quando segmentos morfológicos redundantes determinam a produtividade de sufixos específicos, como no caso dos verbos X*ate* em inglês.

1.4 SOBRE O FALANTE IDEAL

Outro conceito que apresenta problemas para uma teoria do léxico é o do falante-ouvinte ideal da língua. Em *Aspectos*, Chomsky (1965) diz que "a Teoria Linguística está preocupada primariamente com um falante-ouvinte ideal, numa comunidade linguística completamente homogênea, que conhece sua língua de maneira perfeita e não é afetado por condições gramaticalmente irrelevantes, tais como limitações de memória, distrações, mudanças de atenção e interesse, e erros (eventuais ou característicos) na sua aplicação do conhecimento da língua em situações concretas de desempenho".

A formulação desse conceito foi por muitos anos debatida, até que Chomsky (1986) fixou o conceito de língua-I, isto é, a língua internalizada do falante, o conjunto de conhecimentos exclusivamente linguísticos que estão representados na mente de um falante adulto, conjunto que se consolida no final do processo de aquisição da linguagem. A língua-I se opõe à língua-E: língua externa, aquilo que política e historicamente se chama de língua portuguesa, ou língua inglesa; ou, ainda, o conjunto de sentenças que servem de *input* para a criança durante a aquisição da linguagem; ou, mesmo, o objeto que Saussure chamava de *langue* no *Curso de linguística geral*. Observe que, desse ponto de vista, é menos importante a questão de o falante conhecer todas as palavras de sua língua e mais importante ele ser capaz de dizer o que é palavra e o que não é palavra na sua língua, em primeiro lugar. Evidentemente, a questão de separar palavra real e palavra potencial também é de grande interesse teórico, e sobre ela os morfólogos têm trabalhado de maneira incessante.

Supondo essa definição, devemos nos perguntar o que realmente significa dizer que o falante-ouvinte ideal tem "um conhecimento perfeito" do léxico de sua língua. A resposta a essa pergunta não é simples por causa da natureza do léxico: ele consiste não só de uma lista de entradas, mas também de uma lista de regras. A competência de um falante-ouvinte ideal é mais facilmente caracterizada para sentenças, porque nesse caso trata-se de um conjunto infinito de objetos, cuja gramaticalidade é definida pelas regras da gramática gerativa correspondente. No léxico, entretanto, além das regras, temos que levar em conta a lista de itens lexicais.

Seria razoável supor que o falante ideal de uma língua X conhece todas as entradas lexicais de sua língua. Os problemas começam quando consideramos a relação entre a lista de entradas lexicais e o aspecto criativo do léxico.

Se o léxico é considerado uma lista de entradas lexicais, o falante ideal conhece a lista integral. Contudo, se a competência lexical se limitasse a esse conhecimento, o falante ideal não poderia formar palavras novas na língua. Esta parece ser a ideia geral no modelo de *Aspectos*, onde o léxico é considerado meramente uma lista de entradas lexicais: as regras de redundância em *Aspectos* têm a única função de adicionar e/ou especificar traços – previsíveis por regras gerais – em entradas lexicais já existentes.

Mas se supomos, como devemos, que falantes de uma língua formam palavras novas, a competência do falante-ouvinte ideal tem então que ser definida de modo a incluir o conhecimento não só de todas as entradas lexicais existentes, mas também de todas as entradas lexicais possíveis numa língua. Esse conhecimento é expresso de maneira mais adequada por meio de regras. Assim, a competência do falante ideal corresponderá ao conhecimento de (a) todas as entradas lexicais existentes na língua; (b) todas as regras de redundância que adicionam e especificam traços nas entradas lexicais e que dão conta das várias relações entre entradas lexicais; e (c) todas as regras que especificam quais são as novas entradas lexicais possíveis dentro da língua.

Tanto no modelo de Jackendoff quanto no modelo de Halle encontramos uma distinção entre o conhecimento das entradas lexicais reais e o conhecimento das entradas lexicais possíveis. Entretanto, no modelo de Halle esse conhecimento não é especificado, já que não foi desenvolvida a estrutura interna do mecanismo de filtragem que ele propõe para medir o conjunto potencial e o conjunto real das palavras da língua. No modelo de Jackendoff, por outro lado, o conhecimento das entradas lexicais possíveis é identificado ao conhecimento de regras que descrevem relações entre entradas lexicais já existentes.

Mas regras de redundância não podem ser identificadas com sucesso a regras, restrições ou padrões que especificam novos itens lexicais numa língua. Por exemplo, o léxico pode conter uma regra de redundância para adicionar a especificação "nominalização de X" a entradas lexicais da forma ((X)$_V$ agem)$_N$. Entretanto, isso não significa que o falante de português possa construir formas como *caminhagem, *estudagem etc. Na realidade, a descrição da competência lexical do falante ideal tem que incluir formulações que nos permitam dizer que um dos fatores que afetam a produtividade das regras de formação de palavras é a própria lista de entradas lexicais já existentes. Dito de outro modo, regras de formação de palavras não são suficientes para descrever a competência lexical do falante ideal: restrições à aplicabilidade de regras são também necessárias, e estas dependem, pelo menos parcialmente, da lista de entradas lexicais já existentes e das relações que se observam entre tais entradas lexicais.

> Aparentemente, Basílio tem em mente aqui o fenômeno de bloqueio, uma noção em voga na época, segundo a qual se pode explicar a impossibilidade de certa formação na língua por conta da existência de outra palavra com o mesmo significado, que toma o seu lugar. Assim, a ausência de *caminhagem pode ser explicada pela existência de caminhada, que já existe na língua com o mesmo significado. A forma pode ser gerada pela regra, mas não consegue espaço para existir no léxico, a não ser que adote um significado novo. É como se a célula de nominalização do verbo caminhar já estivesse preenchida pela palavra caminhada. Mais adiante faremos uma discussão um pouco mais pormenorizada sobre o bloqueio.

Ademais, é importante ressaltar que uma abordagem em que não se suponha lista fixa de entradas lexicais é mais interessante para a teoria, no sentido de que isso permite o estabelecimento de interações entre conjuntos de entradas lexicais e possibilidades tanto de análise estrutural de palavras já existentes quanto de criação de palavras novas.

Consideremos, por exemplo, a afirmação de que *julgação é agramatical porque já existe no léxico a palavra julgamento. Essa afirmação prevê que uma forma como *julgação poderia ser aceita por falantes que não tivessem a entrada lexical julgamento em seu léxico. Se nos

> Novamente, pode ser que a explicação seja outra, mais na esteira das restrições aspectuais que esses diferentes nominalizadores carregam, como comentamos antes. De qualquer modo, na época em que Basílio escreve, e mesmo hoje, é bastante razoável supor uma espécie de paradigma com uma célula de nominalização que, uma vez ocupada, ocupada está.

limitássemos ao falante que conhece todas as entradas lexicais em sua língua – seja qual for o significado de "todas" –, não poderíamos testar essa previsão. Do mesmo modo, a aplicabilidade de regras de análise estrutural interna (cf. cap. 3) depende da lista de itens lexicais; se considerarmos que o falante ideal conhece todas as entradas lexicais em sua língua, não poderemos testar hipóteses sobre a aplicabilidade de regras de análise estrutural de palavras.

Pelos motivos expostos, suponhamos neste trabalho que o falante ideal é aquele que conhece perfeitamente (a) todas as relações que se podem obter entre as entradas lexicais de sua língua; e (b) a interação entre essas relações e a possibilidade de formar palavras novas. Não consideraremos, contudo, que o falante ideal conhece todas as palavras no léxico de sua língua.

1.5 ORGANIZAÇÃO GERAL DO TRABALHO

Neste trabalho será proposta uma teoria do léxico em que a interação de diferentes tipos de relações paradigmáticas no léxico explica alguns problemas que não foram tratados de maneira adequada em modelos anteriores. Por exemplo, a teoria a ser proposta explica por que palavras novas são em geral formadas de palavras previamente existentes no léxico e por que também podem ser formadas na base de radicais presos, em alguns casos; por que nomes morfologicamente básicos podem ser interpretados como verbos; por que podemos prever a improdutividade de determinados afixos; e assim por diante.

As coordenadas gerais do modelo a ser proposto derivam basicamente dos pressupostos discutidos antes, ou seja, o de que (a) a competência de um falante nativo para formar palavras novas em sua língua não deve ser identificada à sua competência de analisar a estrutura interna de itens lexicais já existentes na língua, embora seja diretamente relacionada a ela; e o de que (b) regras de formação de palavras e regras de análise estrutural não cobrem todos os fenômenos que uma teoria do léxico deve descrever.

> Esse é um ponto bem importante deste trabalho de Basílio que vale a pena frisar já nesta introdução: a observação empírica é que, nas línguas, quase sempre há uma contraparte nominal para um verbo, mas não necessariamente para outras classes de palavras. Assim, essa relação entre nomes e verbos é privilegiada de alguma forma, um fato que não pode ser capturado de modo adequado por meio de uma regra de formação de palavras ou uma regra de análise estrutural.

O primeiro pressuposto nos permite desenvolver um modelo em que tanto as formações regulares quanto as construções estratificadas são adequadamente descritas, sem o uso de mecanismos *ad hoc*, tais como itens lexicais hipotéticos ou regras que cancelam morfemas. O segundo pressuposto

> A expressão "construções estratificadas" faz referência a construções nas quais identificamos estrutura interna, mas que não correspondem a construções produtivas na língua que possam ser analisadas como fruto da aplicação de uma regra de formação de palavra.

> Esse é um ponto crucial para a teoria da autora que vale a pena ressaltar aqui: a teoria que ela vai desenvolver evita regras de truncamento, por exemplo. Um possível truncamento, a título de exemplificação, seria o que envolve a palavra *função* e o neologismo *funtor*. Na abordagem de Aronoff (1976), *funtor* seria derivado de *função*, e haveria o apagamento do morfema -*ção* na palavra de base. A teoria de Basílio proposta neste trabalho teria recursos para evitar o truncamento. E esse é um ganho frente ao tipo de teoria que se desenvolvia na época!

fornece uma distinção explanatória entre processos derivacionais gerais, tais como nominalizações, e processos derivacionais particulares, expressos por regras de formação de palavras. Por outro lado, este último pressuposto permite o estabelecimento de uma restrição para bases sobre as quais regras de formação de palavras podem operar. A relevância dessas proposições para uma teoria do léxico se tornará mais clara no decorrer do trabalho.

Novamente, aqui aparece desenhado o pensamento de Basílio nesta obra: não existem só regras dos tipos RFP e RAE para descrever o que acontece no léxico; parece haver algo que organiza o léxico de forma a haver quase sempre uma contraparte nominal para um verbo. Cada uma das formas nominais associadas a um verbo, no entanto, pode decorrer (ou não) de um processo particular expresso por uma regra de formação de palavras. Dito de outro modo, a autora chama de "nominalização" também relações em que o verbo não é básico, mas sim o nome, com uma regra de formação de palavras, digamos, com a direção invertida.

O trabalho é organizado do seguinte modo. No capítulo 2, faremos uma breve exposição dos estudos morfológicos na gramática tradicional, no estruturalismo e na gramática gerativa. Dado o abandono da morfologia derivacional na gramática clássica e na sintaxe gerativa tradicional, a discussão se concentrará em problemas apresentados por propostas feitas dentro da hipótese lexicalista.

No capítulo 3, apresentaremos uma proposta para uma teoria do léxico, na qual regras de formação de palavras são separadas de regras de análise estrutural. Mostraremos, então, que tal proposta nos permite (a) captar generalizações entre entradas lexicais mesmo quando estas não correspondem a processos produtivos de formação de palavras; (b) resolver um problema tradicional na morfologia derivacional, ou seja, a análise da estrutura de palavras cujas bases não são itens lexicais que ocorrem como formas livres dentro da língua; (c) explicar por que regras de formação de palavras podem operar em bases que não são formas livres na língua; e (d) especificar as condições sob as quais esse fenômeno pode ter lugar. Finalmente, definiremos a noção de aplicabilidade de regras de análise estrutural e afirmaremos que, independentemente da existência de uma dada regra de análise estrutural, sua aplicabilidade a diferentes itens no léxico depende das demais relações observadas entre esses itens lexicais e outros itens lexicais dentro da língua.

O capítulo 4 é dedicado ao fenômeno da nominalização. Com base em dados do português, motivaremos a hipótese de que a nominalização deve ser considerada um padrão derivacional geral, distinto de processos particulares de formação de palavras, que são normalmente expressos por regras de formação de palavras. Essa abordagem ao fenômeno da nominalização nos permite explicar (a) as diferenças básicas que encontramos entre a nominalização e processos comuns de formação de palavras; e (b) o fato de que nomes morfologicamente básicos – isto é, nomes que não podem ser considerados morfologicamente derivados de verbos – podem ser entendidos como verbos em certos contextos.

Exemplos seriam os pares *beijo/beijar, pulo/pular, chuva/chover* etc. E quando a autora diz que nomes podem ser entendidos como verbos, ela está fazendo referência ao fato de que nomes podem ter o mesmo tipo de interpretação eventiva que normalmente os verbos têm. Isso será discutido em outra nota mais adiante no texto.

No capítulo 5 mostraremos que a asserção de que regras de formação de palavras devem ter produtos com determinação categorial única é excessivamente forte. Na base de um estudo da formação e do comportamento de agentivos em *-dor* em português, explicaremos que é necessário admitir na teoria regras que especificam mais de uma categoria lexical e que, consequentemente, entradas lexicais podem apresentar mais de um traço categorial.

No capítulo 6 será analisado o formalismo necessário para a expressão das propostas apresentadas nos capítulos 3 e 4. Além disso, será sugerida uma extensão da proposta apresentada no capítulo 4. Finalmente, delinearemos em linhas gerais algumas questões interessantes que derivam do arcabouço geral considerado neste trabalho.

1.6 ESPECIFICAÇÃO DA TERMINOLOGIA

1.6.1 Relações paradigmáticas no léxico

Na gramática tradicional, assim como na gramática clássica, o tema "paradigma" é usado em referência a modelos de variação acidental de formas, cuja finalidade é a de representar regularidades entre palavras numa língua, de tal maneira que palavras são classificadas de acordo com essas regularidades. Por exemplo, a classificação de verbos em conjugações e de nomes em declinações em latim e outras línguas era tradicionalmente feita na base de tais paradigmas, ou modelos de formas que essas diversas classes de palavras tomariam, de acordo com circunstâncias especificadas. Já que o estudo da derivação de palavras praticamente não tinha lugar na gramática clássica, é natural que o uso do termo "paradigma" fosse restrito a sistemas flexionais. Podemos observar a mesma situação na maior parte da literatura do modelo gerativo transformacional, em que, como dissemos anteriormente, a morfologia derivacional foi abandonada durante muito tempo.

Entretanto, o termo "paradigma" pode se referir a qualquer tipo de relação sistemática entre conjuntos de palavras, e o uso do termo em referência a conjuntos de palavras que se relacionam sistematicamente não é raro. Por exemplo, o termo "paradigma" é frequentemente usado em referência a conjuntos de palavras como, digamos, X/Xção, em que X é um verbo e Xção é um substantivo.

Neste trabalho, usaremos o termo "paradigma" em referência a conjuntos de palavras que mantêm relações sistemáticas entre si. A expressão "relações paradigmáticas" se refere, naturalmente, a relações sistemáticas entre conjuntos de palavras no léxico.

Numa descrição gerativa da estrutura lexical, relações paradigmáticas são normalmente representadas por regras – ou, em outros termos, o estabelecimento de uma regra pressupõe uma relação paradigmática entre conjuntos de palavras. Consideremos, por exemplo, uma regra de redundância do tipo proposto por Jackendoff (1975)[8]:

(1) $$\begin{bmatrix} /X/ \\ +V \\ \cdot \\ \cdot \\ \cdot \\ Z \end{bmatrix} \leftrightarrow \begin{bmatrix} /X+Y/ \\ +N \\ \cdot \\ \cdot \\ \cdot \\ Z' \end{bmatrix}$$

---

8. (1) deve ser lida como: "uma entrada lexical X, tendo tais propriedades, é relacionada a uma entrada lexical X+Y, tendo tais propriedades"; (2) deve ser lida como: "um item lexical da categoria B é formado a partir de um item lexical X da categoria A pela adição do sufixo Y".

Esta regra (1) pressupõe que um conjunto de verbos da forma X e de significado Z se relaciona sistematicamente com um conjunto de nomes da forma X + Y e de significado Z'. Do mesmo modo, uma regra de formação de palavras do tipo (2), apresentado por Aronoff (1976),

(2) $[\ X\ ]_A \rightarrow [\ [\ X\ ]_A\ Y\ ]_B$

pressupõe relações paradigmáticas entre as palavras especificadas na base e as palavras especificadas no produto da operação da regra.

Uma qualificação é útil aqui: para Basílio, tanto as derivações quanto as flexões poderiam ser descritas em termos de paradigmas, com uma diferença importante, que é o fato de os paradigmas das flexões serem mais regulares, menos sujeitos a lacunas, além de haver uma regularidade na direção da regra (sempre da forma derivada para a flexionada, nunca o contrário). Por outro lado, no caso da relação entre verbos e formas nominais, haveria uma célula nominal e uma célula verbal no paradigma, mas com a possibilidade de lacunas (casos em que não há um correspondente imediato, como não haver correlato verbal para o nome *tempestade*, ou não haver correlato nominal para o verbo *dar*). Acrescente-se aqui que a direcionalidade dessa relação não é única (do verbo para o nome, por exemplo, como o termo "nominalização" parece sugerir), embora observamos com clareza que para Basílio a formação de nomes a partir de verbos seja categorialmente determinada (isto é, espera-se sempre que haja um nome relacionado ao verbo no léxico), enquanto o contrário não é verdadeiro (ou seja, não é necessário ou esperado que a cada verbo corresponda um nome na língua).

Neste trabalho faremos uso constante das expressões "paradigma" e "relações paradigmáticas" por um motivo duplo. Por um lado, o uso desses termos corresponde à asserção tácita de que regularidades encontradas em sistemas flexionais diferem das regularidades encontradas em sistemas derivacionais apenas numa questão de grau. O segundo motivo para o uso constante desses termos é o de evidenciar nossa intenção de enfatizar os diferentes tipos de relações sistemáticas que podemos encontrar no léxico, independentemente das relações normalmente expressas por regras de formação de palavras e regras de redundância lexical.

1.6.2 Regras de redundância e regras de análise estrutural

Em *Aspectos*, o léxico é definido como uma lista não ordenada de itens lexicais e certas regras de redundância, cuja função é adicionar e especificar traços em entradas lexicais, sempre que esses traços sejam previsíveis por regras gerais. Na Teoria Padrão, a expressão "regras de redundância" foi usada frequentemente em referência a generalizações dentro do léxico, mas, como Jackendoff observa, pouco foi feito em relação à formalização de tais regras.

Em *Aspectos*, o significado de "regras de redundância" é bastante vago; a expressão pode se referir a qualquer tipo de regra que se refira à adição e/ou à especificação de qualquer tipo de traço em entradas lexicais. Mais particularmente, pode se referir a regras que especificam condições de estrutura morfêmica de entradas lexicais. Dado o geral abandono de estudos lexicais na sintaxe gerativa, até recentemente a expressão "regra de redundância" era mais frequentemente usada em referência a condições de estrutura morfêmica num contexto fonológico.

Com o desenvolvimento de estudos lexicais dentro da hipótese lexicalista, essa expressão começou a ser usada de modo diferente. Nesses estudos, regras de redundância não mais se referem a generalizações da estrutura de traços de entradas lexicais, mas a relações gerais entre entradas lexicais, na base de regularidades fonéticas, sintáticas e semânticas. Qualquer referência a regras de redundância neste trabalho deve ser entendida nesta especificação do termo: regras de redundância são regras que expressam relações paradigmáticas entre palavras e conjuntos de palavras no léxico.

A proposta a ser aqui apresentada se distancia de propostas anteriores pelo fato de estabelecer uma diferenciação entre regras que expressam relações entre itens lexicais e regras produtivas de formação de itens lexicais. A fim de tornar mais clara essa diferença, chamaremos de "regras produtivas", ou simplesmente "regras de formação de palavras" (RFPs), as regras que podem formar palavras novas dentro da língua. A regra de redundância que analisa a estrutura de palavras morfologicamente complexas será chamada de "regra de análise estrutural" (RAE). Assim, para retomar um exemplo já apresentado, a regra responsável pelo reconhecimento de formas X + *ate* como sendo verbos em inglês é uma regra de análise estrutural (RAE); e a regra por meio da qual podemos construir formas nominalizadas em -*ion* em inglês, a partir de bases verbais, é uma RFP.

Talvez um exemplo similar no português possa ser a formação X+*duzir*, como em *deduzir, reduzir, induzir* ou *conduzir*. Aqui, temos a combinação de um prefixo que ocorre em outras formações verbais (como *construir*, *destruir* ou *instruir*) e a sequência -*duz*-, sem significado. Essas formas aparentemente poderiam ser analisadas por meio de uma RAE que separasse o prefixo da sequência final comum. A sequência final -*duz*- sofre os mesmos tipos de alomorfia quando nominalizada: *redução/redutor, condução/condutor, indução/indutor* etc. Agradecemos a Margarida Basílio (em comunicação pessoal) por este exemplo.

Regras de formação de palavras podem sempre ser usadas pelos falantes como regras de análise estrutural. Assim, por exemplo, se podemos formar palavras novas X*ion* usando a regra produtiva de adição de *-ion* a bases verbais, do mesmo modo podemos analisar nomes terminados em *-ion* como sendo estruturados da maneira descrita antes. Entretanto, em vez de afirmar que regras de formação de palavras podem ser usadas em duas direções, aqui afirmaremos que regras de formação de palavras apresentam obrigatoriamente contrapartes de análise estrutural. Esse tratamento permite uma descrição mais acurada dos casos em que regras de formação de palavras são restritas em sua produtividade a classes limitadas de bases, enquanto suas contrapartes de análise estrutural se aplicam a classes de bases consideravelmente mais abrangentes.

Pensemos, por exemplo, no caso do sufixo *-izar* em português. Este sufixo é produtivo sobretudo na formação de verbos partindo de adjetivos, como em *fertilizar*, *racionalizar*, *nacionalizar*, *integralizar* etc. Essa especificação de produtividade deve constar da regra produtiva de adição do sufixo *-izar*, mas pode não ser pertinente para a contraparte de análise estrutural da regra, que nos permite reconhecer a estrutura interna de verbos como *pressurizar*, *pasteurizar*, *indenizar* etc., cujas bases não são reconhecidas como adjetivos. Nos estudos lexicais, a distinção entre os dois tipos de regra permite uma descrição mais adequada dessas diferenciações.

Em resumo, neste trabalho usamos "regra de redundância" em referência a quaisquer regras que expressem relações sistemáticas entre palavras e conjuntos de palavras no léxico. A expressão "regra de análise estrutural" se refere a regras que analisam a estrutura de palavras morfologicamente complexas; e "regra de formação de palavras" se refere a regras que formam palavras novas na língua.

2

Perspectiva histórica

2.1 INTRODUÇÃO

Na tradição da gramática clássica não havia lugar para o desenvolvimento de estudos de morfologia derivacional. Apenas no século XIX o termo "morfologia" começou a ser usado em referência tanto à morfologia derivacional quanto à morfologia flexional. Com o advento do estruturalismo, o estudo da formação e da estrutura interna das palavras vai se desenvolver como uma consequência direta da conceituação do morfema como unidade mínima significativa de uma língua. Entretanto, os estudos derivacionais foram praticamente abandonados no modelo clássico da teoria gerativa transformacional, sendo retomados apenas com o surgimento da hipótese lexicalista.

Neste capítulo apresentaremos uma visão geral do *status* dos estudos de morfologia derivacional. O capítulo está dividido em três partes.

Na primeira parte, faremos uma breve exposição da evolução dos estudos derivacionais antes do advento da hipótese lexicalista. O objetivo dessa exposição é apresentar ao leitor as diferentes perspectivas sob as quais os fenômenos morfológicos foram abordados em várias épocas e enfatizar o caráter promissor do desenvolvimento de estudos de morfologia derivacional na evolução da teoria gerativa transformacional.

A segunda parte será dedicada ao exame de algumas das propostas mais relevantes para o estabelecimento de uma teoria do léxico dentro da hipótese lexicalista. Essa discussão não é exaustiva nem quanto à inclusão de trabalhos nem quanto ao conteúdo dos trabalhos analisados. Sendo o propósito da discussão o de mostrar como e por que a proposta a ser apresentada nos próximos capítulos foi concebida e desenvolvida, nós nos limitaremos a discutir propostas diretamente ligadas a questões a serem abordadas mais adiante neste trabalho.

Finalmente, na terceira parte serão discutidos alguns problemas básicos da morfologia derivacional numa abordagem gerativa.

2.2 BREVE ESTUDO EVOLUTIVO DA MORFOLOGIA DERIVACIONAL

2.2.1 A tradição clássica

O desenvolvimento de estudos morfológicos na Antiguidade Clássica está ligado à controvérsia entre analogistas e anomalistas. Essa controvérsia se centrava na questão de qual seria o fator predominante a caracterizar as línguas: a regularidade (analogia) ou a irregularidade (anomalia). A busca de argumentos em favor de cada posição levou naturalmente à procura de padrões (ou desvios de padrão) que as palavras pudessem apresentar.

Por definição, sistemas flexionais são caracteristicamente mais regulares do que padrões derivacionais. Assim, é natural que na tradição clássica o estudo da morfologia fosse identificado com o estudo da flexão. Os gregos desenvolveram o modelo "Palavra e Paradigma", no qual as palavras são consideradas as unidades mínimas na análise linguística e o termo "paradigma" se refere ao esquema de variações acidentais de forma que diferentes classes de palavras apresentam, dentro de condições contextuais específicas. Assim, por exemplo, as decli-

> Convém sermos mais precisos aqui: é sobre o contexto sintático que a autora está falando.

nações nominais e as **conjugações verbais representam classes de palavras que seguem um esquema específico de variações de forma, próprio de cada classe.**

Em resumo, estudos morfológicos na Grécia eram exclusivamente baseados em palavras, cada uma vista como um todo indivisível; e centrados em torno do fenômeno da flexão. Naquele contexto, não havia lugar para a morfologia derivacional. A situação foi mantida, quase inalterada, até o século XIX.

> Os paradigmas de conjugação dos verbos que encontramos nas gramáticas normativas são bons exemplos desse tipo de abordagem. Nelas são listadas todas as formas de um determinado verbo, nos mais variados tempos, pessoas, números, aspectos e modos, além das chamadas formas nominais, como o infinitivo, o gerúndio e o particípio. Cada célula do paradigma corresponde a uma forma específica do verbo. Pode ser, entretanto, que alguns paradigmas de alguns verbos sejam incompletos. Por exemplo, a célula correspondente à primeira pessoa do singular do presente do indicativo do verbo *falir* não é preenchida por nenhuma forma, e todo o conjunto das células do presente do subjuntivo desse verbo tampouco é preenchido por formas verbais com as propriedades correspondentes. Nesses casos, dizemos que os paradigmas são defectivos, ou seja, têm células vazias, são incompletos.

A primeira distinção entre flexão e derivação foi sugerida pelo gramático latino Varrão, na base do critério de generalidade. Segundo ele, haveria uma distinção entre *derivatio naturalis*, formação natural de palavras, que corresponde à flexão; e *derivatio voluntaria*, formação voluntária, correspondente à derivação. Essa distinção, no entanto, não foi levada em conta na tradição gramatical subsequente.

Na Idade Média, os estudos linguísticos enfatizaram a sintaxe, de modo que não encontramos contribuições importantes para o desenvolvimento da morfologia derivacional. Cumpre apenas mencionar que naquela época os modistas estabeleceram relações entre categorias morfológicas e a sintaxe da construção de frases, assim fornecendo uma base diferente, em termos de função sintática, para a distinção entre flexão e derivação.

No século XIX, o termo "morfologia" passou a ser usado, cobrindo tanto a flexão quanto a derivação. O interesse em morfologia derivacional aumentou durante o período, sob a influência da gramática de Panini e por causa da relevância do estudo da evolução de palavras, dentro da perspectiva diacrônica que caracteriza os estudos linguísticos naquele século.

Talvez o leitor esteja mais familiarizado com os termos "Item e Arranjo" e "Item e Processo", que são os mais comuns nos manuais de linguística hoje. No modelo "Item e Arranjo", os morfemas são como peças que se combinam em arranjos específicos para formar palavras. Por exemplo, se combinamos o morfema -*ou* (que, nos verbos regulares de primeira conjugação, significa terceira pessoa do singular do pretérito perfeito) com a raiz do verbo *cantar* (*cant-*), temos a palavra *cantou*, o verbo conjugado. Nessa perspectiva, os dois morfemas (a terminação -*ou* e a raiz *cant-*) são itens do léxico que podem ser combinados. Numa abordagem do tipo "Item e Processo" para o mesmo exemplo, a uma raiz verbal abstrata do verbo *cantar* (algo muitas vezes chamado de lexema) aplica-se uma regra que entrega a forma *cantou* caso essa regra seja a regra de formação da terceira pessoa do singular do pretérito perfeito dos verbos regulares de primeira conjugação. A regra acrescenta a terminação -*ou* à raiz; não se trata de um arranjo em que se combinam duas peças que existem como itens do léxico. No texto, Basílio afirma que a abordagem por "Item e Arranjo" (ou "Elemento e Arranjo") caracteriza o estruturalismo, e a abordagem por "Item e Processo" (ou "Elemento e Processo") caracteriza o gerativismo, mas é claro que isso não quer dizer que no estruturalismo todos faziam exclusivamente análises do tipo "Item e Arranjo" (cf. Hockett, 1958), nem que no gerativismo todos seguem exclusivamente abordagens por "Item e Processo". Por exemplo, na época em que este livro foi publicado pela primeira vez, havia, dentro do gerativismo, quem defendesse uma abordagem do tipo "Palavra e Paradigma" para a morfologia (p. ex., Anderson, 1982). Atualmente, com a Morfologia Distribuída, temos um modelo do tipo "Item e Arranjo" dentro do gerativismo.

Ao contrário do modelo tradicional "Palavra e Paradigma", na gramática de Panini as palavras são analisadas em termos de sua estrutura interna; formas flexionadas são descritas por meio de listas ordenadas de regras que se aplicam a formas subjacentes estruturadas em termos de raízes e afixos. Assim, podemos dizer que a gramática de Panini está na fonte de ambos os modelos "Elemento e Arranjo" e "Elemento e Processo", que caracterizam, respectivamente, o modelo estruturalista e o modelo gerativo transformacional na linguística americana do século XX.

2.2.2 O estruturalismo americano

No período estruturalista, a morfologia derivacional começou a atrair a atenção dos linguistas de uma maneira mais consistente, embora nem mesmo nesse período os estudos derivacionais se tenham desenvolvido de maneira comparável aos estudos flexionais.

O reconhecimento da relevância da morfologia derivacional é uma consequência necessária da morfologia baseada em morfemas, que caracteriza o período estruturalista. Definindo o morfema como a unidade significativa da língua e estabelecendo-o como unidade básica da morfologia, os linguistas não podiam mais deixar de lado a questão da estrutura interna das palavras.

No modelo "Elemento e Arranjo", característico do período, a morfologia é definida como a parte da gramática que descreve os morfemas da língua e seus padrões de arranjo na formação de palavras. Nesse modelo, a análise morfêmica consiste em (a) segmentação dos enunciados em morfes, isto é, sequências mínimas recorrentes a que se pode atribuir significado; e (b) classificação de morfes em classes, os morfemas, na base da distintividade fonético-semântica.

Por exemplo, palavras como *participar/participação, iludir/ilusão, preparar/preparação* etc. dariam uma base para isolarmos morfes como *-ão* e *-ção*, aos quais o significado gramatical "nome abstrato" pode ser atribuído; a classificação de *-ão* e *-ção* como submembros (alomorfes) do mesmo morfema é feita não em termos de identidade, mas de distintividade fonético-semântica. O processo constitui uma extensão óbvia dos métodos de análise utilizados no nível fonêmico.

O modelo é explicitamente taxonômico. Entretanto, mesmo se aceitarmos as premissas teóricas do modelo, a definição do morfema como uma entidade necessariamente significativa nos leva a problemas insolúveis, porque num grande número de casos encontramos unidades mínimas recorrentes, reconhecidas como morfemas pelos estruturalistas, às quais é impossível atribuir um significado específico. O reconhecimento de sequências tais como *-ceb-* em *conceber, receber, perceber* etc., ou *-fer-* em *referir, conferir, diferir*, e assim por diante, leva-nos à não diferenciação entre morfemas e sequências fônicas, conforme observou Chomsky (1957, p. 100) em *Syntactic Structures*[9].

2.2.3 A Teoria Padrão: hipótese transformacionalista

Conforme observamos antes, a morfologia derivacional foi abandonada, enquanto morfologia, no modelo *standard* da teoria transformacional.

---

9. Para uma discussão mais detalhada dos problemas envolvidos nos métodos de análise morfêmica no estruturalismo, cf. Basilio (1974a; 1974b).

Nesse modelo, o léxico é definido como uma lista não ordenada de entradas lexicais, ou conjuntos de traços fonológicos, sintáticos e semânticos que definem cada item lexical. Em tal abordagem, leva-se em consideração cada palavra como um todo, não havendo, pois, lugar para uma morfologia derivacional conforme é definida tradicionalmente.

Processos derivacionais gerais, tais como nominalizações, são levados em conta nesse modelo, mas numa abordagem sintática. Assim, por exemplo, as sentenças "João não quer que Pedro participe da reunião" e "João não quer a participação de Pedro na reunião" seriam derivadas da mesma estrutura profunda, e teríamos, na derivação da segunda, a operação de uma regra transformacional de nominalização.

Ou seja, as redundâncias entre itens como *participar* e *participação* (como o fato de selecionarem os mesmos tipos de complemento, terem significados muitíssimo próximos etc.) não estariam no léxico, e os dois seriam relacionados por uma mesma estrutura profunda "sentencial", a partir da qual as duas formas são produzidas. Ademais, a não existência de itens como *participação* no léxico evitaria a própria necessidade de haver regras nominais semelhantes a regras que criam predicados verbais ou mesmo sentenças. Por exemplo, a frase *os bárbaros destruíram Roma*, no modelo padrão (Chomsky, 1965), envolve uma regra, chamada de regra de reescritura, que cria um predicado transitivo: VP → V NP (ou seja, um sintagma verbal se reescreve como um verbo e um sintagma nominal objeto direto). Se uma nominalização como *a destruição de Roma (pelos bárbaros)* fosse criada pelo mesmo tipo de regra, teríamos algo como NP → N (de) NP. Ou seja, teríamos uma maior quantidade de regras de reescritura – existiria uma regra para criar, digamos, predicados nominais também, com nome e complemento –, além das redundâncias no léxico. Se as duas formas, a frase e o sintagma nominal complexo, são geradas a partir de uma mesma estrutura profunda por regras transformacionais diferentes, temos somente o custo de mais uma regra transformacional, não redundâncias lexicais somadas a regras novas de reescritura. Em 1970, no entanto, Chomsky mostra que a abordagem transformacional produz inúmeros problemas, em particular porque a relação entre formas verbais e nominais derivadas não é tão comportada quanto a abordagem transformacional poderia sugerir.

O tratamento transformacional de nominalizações, conhecido como "hipótese transformacionalista", permite evitar a redundância na listagem de itens lexicais: as formas nominalizadas dos verbos são eliminadas do léxico. Por outro lado, esse tratamento reduz o número de regras categoriais, porquanto as características estruturais de frases nominais são definidas por regras transformacionais de nominalização. Finalmente, esse tratamento dá conta da correspondência semântica entre sentenças verbais e seus correlatos nominais.

Na medida em que o tratamento transformacional de nominalizações permite a eliminação de redundâncias lexicais, ele se iguala – no caso de processos derivacionais gerais – a modelos anteriores de análise morfológica, tais como o estruturalismo. Mas o tratamento transformacional apresenta duas vantagens sobre as abordagens prévias: por um lado, a questão do significado do morfema, problemática para o estruturalismo, deixa de existir; por outro lado, o tratamento transformacionalista dá conta de relações semânticas entre sentenças verbais e sentenças nominais, sendo, portanto, mais abrangente do que os outros modelos.

Entretanto, a hipótese transformacionalista não é suficiente para descrever os fenômenos derivacionais em vários aspectos. Em primeiro lugar, apenas processos derivacionais gerais podem ser tratados por meio de transformações, de modo que todos os processos sub-regulares do léxico são deixados à margem. Em segundo lugar, o tratamento transformacional de nominalizações dá conta das correspondências semânticas entre sentenças nominais e sentenças verbais, mas não consegue abarcar os casos em que formas nominalizadas de verbos apresentam extensões de sentido, sejam estas generalizadas ou idiossincrásicas. Finalmente, esse tratamento leva ao estabelecimento de itens lexicais hipotéticos, entidades que nos podem levar a predições falsas acerca do léxico de várias línguas. Por esses e outros motivos, Chomsky rejeita a hipótese transformacionalista e propõe um tratamento de processos derivacionais gerais dentro do léxico, abrindo assim o caminho para a possibilidade de um estudo de morfologia derivacional dentro de uma abordagem gerativa transformacional.

> Por "processos sub-regulares" deve-se entender processos plenamente produtivos mas de menor abrangência. Um exemplo possível é o caso das nominalizações em -gem, como *estiagem, aterrissagem, repescagem* etc.

> Um exemplo que poderíamos aventar aqui seria supor que uma construção como *o autor do livro X é o Pedro* é uma derivação feita por meio de transformações a partir de algo como *Pedro 'autou' o livro X* – ou seja, um item verbal hipotético que seria o responsável por derivar um item nominal com forte carga agentiva, como é o nome *autor*.

Supondo a hipótese lexicalista (cf. adiante), a morfologia derivacional deve ser considerada sob uma nova luz. Por um lado, depois do estabelecimento do morfema como uma unidade linguística, no período estruturalista, é impossível ignorar o fato de que um grande número de palavras no léxico tem uma estrutura interna que deve ser descrita. Por outro lado, a ênfase no aspecto criativo da linguagem na teoria gerativa nos leva à necessidade de dar conta da criação de palavras novas no léxico. A adoção do modelo "Elemento e Processo" leva à formalização de processos de formação de palavras por meio de regras, surgindo assim o problema da especificação de bases em regras de formação de palavras. Finalmente, as correspondências sintáticas entre palavras de diferentes categorias, enfatizadas na abordagem transformacional da nominalização, forçam uma descrição da formação de palavras em que tais correspondências sejam levadas em conta.

Assim, nos estudos linguísticos, a morfologia derivacional constitui uma área de desafio e de grandes possibilidades dentro das perspectivas de uma teoria gerativa.

2.3 A HIPÓTESE LEXICALISTA: DISCUSSÃO DE PROPOSTAS

2.3.1 A proposta de Chomsky

Conforme observamos anteriormente, processos derivacionais gerais, tais como nominalizações, foram descritos em sintaxe gerativa por meio de transformações. No artigo "Remarks on nominalization", Chomsky (1970) rejeita a chamada abordagem transformacionalista e enfatiza a possibilidade de dar conta de nominalizações dentro do léxico, propondo assim a hipótese lexicalista, segundo a qual nominais derivados são inseridos em estruturas básicas, em vez de constituírem formas acidentais que aparecem em estruturas derivadas transformacionalmente.

Chomsky sugere que as correspondências entre verbos e formas nominalizadas poderiam ser expressas adequadamente se pudéssemos estabelecer entradas lexicais marcadas em relação a traços contextuais, mas livres em relação a traços categoriais.

Segundo Harris (1993), o artigo "Remarks on nominalization" decorre de um conjunto de palestras que Chomsky ministrou no fim dos anos de 1960. Um dos objetivos principais das palestras e do artigo, ainda segundo o autor, foi opor-se à nascente corrente chamada *Semântica Gerativa*, que defendia, simplificando bastante uma discussão complexa sobre um movimento heterogêneo, que a estrutura sintática final, superficial, das sentenças era gerada por sequências de transformações que se aplicavam sobre uma representação abstrata do próprio significado (ou do pensamento). Ao mostrar os problemas que a abordagem transformacional das nominalizações colocava, Chomsky atacava o cerne de todo o empreendimento da Semântica Gerativa, sem mencionar nem uma vez sequer o movimento em seu artigo.

Haveria entradas categorialmente ambíguas ou "neutras" (podendo ser nome ou verbo) no léxico, mas que entrariam nos mesmos tipos de contextos – com complemento ou não, por exemplo. Tomemos a raiz do verbo *destruir* como ilustração. Ela poderia ser tanto nominal quanto verbal, selecionaria um complemento independentemente de qual categoria venha a ter na estrutura sintática e, por ser neutra, poderia ser inserida tanto numa estrutura sintática verbal quanto numa nominal. Regras morfológicas específicas, dependentes da estrutura sintática em que a raiz é inserida, definiriam a forma da palavra (ou do seu radical). Esse ponto será retomado em outras notas mais adiante.

Nessa abordagem, o traço categorial determinaria as possibilidades de inserção da entrada lexical em estruturas sintáticas específicas e regras morfológicas forneceriam as formas fonológicas relacionadas a determinadas categorias. Do mesmo modo, traços semânticos poderiam ser relacionados à escolha de categorias específicas.

Em outras palavras, teríamos entradas lexicais "neutras", no sentido de que não haveria precedência para o verbo ou para o nome. Entradas lexicais poderiam ser marcadas para mais de uma categoria lexical e possibilidades de inserção lexical, assim como traços semânticos eventuais, seriam relacionados para cada categoria possível, para cada entrada lexical desse tipo. Dessa maneira, a correspondência sintática entre verbos e suas formas nominalizadas seria captada, porquanto a entrada lexical básica seria especificada em termos de traços contextuais.

> O fato de Chomsky (1970) propor a existência de raízes cuja categoria só é definida pelo contexto sintático leva Marantz (1997) a defender que, ao contrário do que afirma toda a literatura posterior ao artigo seminal de Chomsky, a proposta de "Remarks" *não* inaugura o lexicalismo. Lembremos que o lexicalismo defende a existência de um ambiente computacional gerativo, o *léxico*, onde regras exclusivamente lexicais, diferentes das sintáticas, produzem ou relacionam palavras, que seriam, assim, objetos com estatuto especial dentro da teoria linguística. Para Marantz, a proposta de "Remarks", na verdade, solapa essa visão.

Discutiremos agora alguns problemas que surgem na proposta de Chomsky quando um contexto mais lato de uma teoria lexical é considerado. Entretanto, seria bom enfatizar que essa discussão não deve ser considerada uma crítica à proposta de Chomsky. Na verdade, as sugestões apresentadas por Chomsky são plenamente justificadas no arcabouço que ele delimitou explicitamente. Em suma, devemos nos lembrar, com Aronoff, que em "Remarks on nominalization" Chomsky não está propondo uma teoria morfológica, mas apenas sugerindo que esta poderia existir.

Um dos problemas que encontramos nas sugestões de Chomsky é que sua concepção de entrada lexical é vaga e irrestrita. Por exemplo, ele afirma que "o fato de que *refuse* toma um complemento nominal ou um complemento sentencial reduzido e *destroy* toma somente um complemento nominal, tanto como nome quanto como verbo, é expresso pela estrutura de traços da entrada lexical neutra, assim como, do mesmo modo, propriedades selecionais" (Chomsky, 1970, p. 90). Entretanto, não sabemos como seria essa estrutura. Consideremos os seguintes exemplos em português:

(1) João declarou que iria sair

(2) A declaração de João (de que ele iria sair)

(3) João escreveu uma declaração *de que ...

(4) *João declarou

Em (1)-(4), podemos ver que *declarar* como verbo é obrigatoriamente seguido por um complemento sentencial, enquanto *declaração* não apresenta obrigatoriedade de complemento sentencial. Casos como esse estão entre os mais simples de correspondência de traços de subcategorização. Assim, é difícil imaginar como seria a estrutura de traços contextuais da entrada lexical neutra. Além disso, *declaração*, assim como a maioria das nominalizações, pode apresentar extensões de sentido e ocorrer em estruturas em que as interpretações não são as mesmas que as verbais. Por outro lado, na maioria das nominalizações a escolha do traço categorial +N é relacionada com a adição de um sufixo.

Em suma, temos nomes que correspondem a verbos mas que são morfológica, sintática e semanticamente diferentes dos verbos correspondentes. Nessa situação, devemos perguntar-nos por que tais pares N/V deveriam constituir uma entrada lexical única. Em outras palavras, na proposta de Chomsky estamos lidando com uma noção de entrada lexical que ele não define de modo explícito.

Mas o maior problema para o tratamento que Chomsky propõe para nominalizações, quando supomos o contexto mais abrangente de uma teoria do léxico, é que a proposta não leva em conta o fato de que formas nominalizadas de verbos têm uma existência independente no léxico, no sentido de que podem servir como bases para formações derivacionais posteriores.

De acordo com a proposta de Chomsky, existe uma entrada lexical única, correspondendo a pares N/V; e regras morfológicas dão conta das diferentes formas fonológicas que essa base pode tomar quando ocorre como nome. Entretanto, formas nominalizadas de verbos podem servir como bases para regras de formação de palavras, da mesma maneira que nomes morfologicamente básicos ou verbos morfologicamente básicos.

Consideremos, por exemplo, o caso de palavras como *transformismo* e *transformista*, de *transformar*, e *transformacional*, de *transformação*. De acordo com a proposta de Chomsky, teríamos uma entrada lexical única /transforma/, e traços relacionados à escolha de categoria remeteriam a regras morfológicas responsáveis pela forma fonológica do derivado nominal *transformação*.

Mas, se *transformação* é uma mera forma fonológica da entrada lexical *transforma*, como poderemos dar conta do fato de que *transformação* é a base para a formação do adjetivo *transformacional*? Temos ou que estabelecer uma outra entrada lexical, *transformação*, no léxico, ou então considerar *transformacional* uma subforma da entrada lexical *transforma*.

Se adotamos a primeira alternativa, isto é, se estabelecemos *transformação* como uma entrada lexical separada, não faz sentido dizer que temos uma entrada lexical neutra, correspondendo ao par *transformar/transformação*: não só essa análise seria contraintuitiva, mas também, sobretudo, implicaria a repetição da regra morfológica que adiciona o sufixo *-ção*, assim como a repetição de traços comuns a *transforma* e *transformação*, justamente o que Chomsky pretende evitar ao propor o estabelecimento de entradas lexicais únicas.

Mas, se adotamos a segunda alternativa, várias formas derivadas serão incluídas na mesma entrada lexical. Portanto, a motivação para a proposta de Chomsky – ou seja, relacionar especificamente pares N/V que apresentam correspondências de significado e traços contextuais – estará totalmente desvirtuada: o termo "entrada lexical" corresponderá então ao conceito tradicional de "raiz subjacente a famílias de palavras".

Resumindo, a proposta de Chomsky é justificada no contexto proposto pelo artigo e é, sem dúvida, superior a outras abordagens ao fenômeno da nominalização, no sentido de que evita o estabelecimento de itens lexicais hipotéticos e dá conta das extensões de sentido das formas nominalizadas. Entretanto, no contexto de uma teoria mais abrangente do léxico, a proposta de Chomsky não é adequada para descrever o fenômeno da nominalização, já que não leva em conta outros processos de formação de palavras, aos quais as nominalizações podem estar diretamente relacionadas.

2.3.2 O modelo de Jackendoff

No artigo "Morphological and semantic regularities in the lexicon", Jackendoff (1975) propõe, dentro da hipótese lexicalista, uma teoria do léxico bastante elaborada. Seu propósito é a construção de um modelo que leve em conta nominalizações juntamente com os demais tipos de relação entre palavras no léxico. Em sua proposição, a Teoria da Entrada Plena, Jackendoff desenvolve e formaliza a noção de redundância lexical, com o objetivo de dar conta de diferentes tipos de relações lexicais de uma maneira unificada.

O trabalho de Jackendoff representa um passo de extrema importância no estudo da estrutura do léxico; seu propósito de fornecer um arcabouço coerente no qual questões envolvendo relações lexicais possam ser formuladas e desenvolvidas com clareza é plenamente atingido. Entretanto, o modelo apresenta alguns problemas, que passaremos a discutir nos próximos parágrafos. De modo mais específico, focalizaremos a questão das relações lexicais entre palavras cujas bases não são formas livres e a questão da diferenciação entre nominalizações e outros tipos de redundância lexical.

2.3.2.1 A questão dos radicais presos

Abandonando a proposta de Chomsky, Jackendoff desenvolve em seu modelo a noção de "entradas lexicais relacionadas, mas separadas", a fim de dar conta da relação lexical entre pares N/V. Assim, um par como *decide/decision* corresponde a duas entradas lexicais separadas, como em (5):

(5) a. $\begin{bmatrix} /\text{decide}/ \\ +V \\ +[\text{NP}_1 \_ \text{on NP}_2] \\ \text{NP}_1 \text{ DECIDE ON NP}_2 \end{bmatrix}$ b. $\begin{bmatrix} /\text{decide} + \text{ion}/ \\ +N \\ +[\text{NP}_1\text{'s} \_ \text{on NP}_2] \\ \text{ABSTRACT RESULT OF ACT} \\ \text{OF NP}_1\text{'s DECIDING NP}_2 \end{bmatrix}$

Entradas lexicais como as de (5) são relacionadas por regras de redundância lexical do tipo (6):

(6) $\begin{bmatrix} X \\ /y + \text{ion}/ \\ +N \\ +[\text{NP}_1\text{'s} \_ (P) \text{NP}_2] \\ \text{ABSTRACT RESULT OF ACT} \\ \text{OF NP}_1\text{'s Z-ing NP}_2 \end{bmatrix} \leftrightarrow \begin{bmatrix} W \\ /y/ \\ +V \\ +[\text{NP}_1 \_ (P) \text{NP}_2] \\ \text{NP}_1 \text{ Z NP}_2 \end{bmatrix}$

Regras como (6) devem ser lidas da seguinte maneira: "uma entrada lexical X tendo tais e tais propriedades é relacionada a uma entrada lexical W, tendo tais e tais propriedades".

O argumento crucial que Jackendoff (1975, p. 645) apresenta em favor de sua teoria, em oposição a propostas anteriores, é o fato alegado de que seu modelo dá conta, de uma maneira natural, de relações entre palavras "cuja afixação é previsível por regras de redundância, mas cujos supostos ascendentes derivacionais não são itens lexicais do inglês".

Essas palavras, tais como *condition*, *perdition* etc., causam problemas para qualquer abordagem gerativa da morfologia derivacional pelo motivo óbvio de que não podemos descrever uma operação sem lhe especificar a base. Na Teoria da Entrada Plena, as palavras apresentam

Palavras como *condition* ou *perdition* causavam problemas para abordagens gerativas da época, porque estas eram abordagens baseadas em palavras ou lexemas. Tais abordagens assumiam que palavras morfologicamente complexas só podem ser geradas por regras derivacionais a partir de outras palavras. E já que não existem verbos como *condite ou *perdite em inglês, temos uma forma nominal com a terminação *-ion* sem uma base na língua – e, desse modo, a nominalização não poderia ser expressa por uma regra que converte um verbo num nome. Na atualidade esse problema é contornado por algumas teorias que pressupõem raízes acategoriais categorizadas em determinados arranjos sintáticos – e aqui vemos a influência de Chomsky (1970) – através de regras ou morfemas concatenados diretamente a elas. Exemplos de teorias assim são a Morfologia Distribuída (Halle; Marantz, 1993; Marantz, 1997, 2013) e a Teoria Exoesqueletal (Borer, 2005, 2013).

entradas lexicais plenamente especificadas, cujas redundâncias são então computadas, de modo que o problema da especificação da base inexiste. Mas surge um problema análogo, como veremos a seguir.

Em seu modelo, Jackendoff propõe uma nova medida de avaliação, baseada na noção de "conteúdo de informação": a simplicidade do modelo deve ser medida em termos de "informação nova" (em oposição a "informação redundante"), e não mais em termos de contagem de símbolos. Essa nova medida de avaliação é essencial à Teoria da Entrada Plena, por causa do problema da redundância lexical.

A medida do conteúdo de informação de cada palavra é dada em função de três fatores: (a) a informação de que a palavra existe no léxico; (b) toda a informação constante na entrada lexical que não seja previsível por uma regra de redundância do tipo (6); e (c) o custo de referência a regras de redundância do tipo (6).

Assim, a medida da informação de palavras no léxico depende crucialmente do estabelecimento de regras de redundância do tipo (6). Na verdade, são as regras do tipo (6) que dão a generalidade ao modelo, tornando irrelevante a repetição de traços na Teoria da Entrada Plena.

Mas, como regras do tipo (6) estabelecem relações entre entradas lexicais, e, por sua vez, estas devem corresponder a todas as palavras da língua, e somente estas, surge a questão de como vamos dar conta de redundância em palavras cujas bases não são formas livres na língua.

Consideremos, por exemplo, um caso como *condition*. De acordo com as afirmações de Jackendoff, devemos dar conta da redundância *-ion*[10]. Assim, a medida de informação de *condition* seria a informação da existência dessa palavra, mais a informação imprevisível na raiz (*condit), mais o custo de referência a uma regra de redundância do tipo (6).

---

10. Jackendoff afirma que, em casos como *condition*, temos que levar em conta a redundância referente à terminação *-ion*, mas esse ponto é questionável. Voltaremos a esses casos no capítulo 3.

Mas regras do tipo (6) não podem se aplicar a *condition*, porquanto *condition* não é relacionada a entrada lexical alguma do modo descrito por essas regras.

É razoável supor que, em regras com setas bidirecionais, a descrição estrutural abarque os dois lados relacionados pela seta. No caso de *condition*, a descrição estrutural da regra é adequada em apenas um lado. Consequentemente, um item como *condition* não poderia ser remetido a uma regra como (6), e a redundância da terminação *-ion* não poderia ser levada em conta.

Suponhamos, agora, como uma segunda alternativa, que em regras como (6) é suficiente que apenas um lado da descrição estrutural da regra seja idêntico a uma determinada entrada lexical. Partindo desse pressuposto, (6) poderia ser relacionada a *condition*; mas nesse caso (6) estaria fazendo a afirmação falsa de que *condite é uma entrada lexical. Já que *condite não é um item lexical do inglês, Jackendoff teria que apelar para algum mecanismo *ad hoc*, do tipo do traço [-inserção lexical], a fim de dar conta do fato de que *condite não é uma forma livre[11].

Em outras palavras, casos como *condition* não podem ser remetidos a regras de redundância, caso em que a redundância na afixação não é levada em conta; ou então temos que afirmar que suas bases constituem entradas lexicais da língua, caso em que a proposta de Jackendoff faz afirmações falsas. Assim, Jackendoff não apresenta uma solução adequada para o problema de palavras cujas bases não são formas livres dentro da língua. A questão continua sem resposta na morfologia derivacional.

---

11. O traço [-inserção lexical] é proposto por Halle na consideração dos itens lexicais possíveis que, no entanto, não são palavras da língua. No modelo de Halle, uma das funções do filtro seria a de atribuir tais traços a todos os produtos de regras de formação de palavras que não são itens lexicais na língua. Trata-se de um mecanismo *ad hoc*, que Jackendoff tenta evitar em seu modelo.

2.3.2.2 Nominalização e outros tipos de redundância lexical: regras de redundância morfológica e semântica

Rejeitando a proposta de Chomsky sobre o estabelecimento de entradas lexicais neutras, Jackendoff propõe que pares como *refuse/refusal* constituem entradas lexicais separadas, relacionadas por regras de redundância do tipo (6). Entretanto, observando que em nominalizações o sentido das formas nominalizadas não depende do sufixo utilizado na composição da forma fonológica, Jackendoff sugere uma separação entre regras de redundância morfológica e regras de redundância semântica. A proposta de Jackendoff fornece um tipo de descrição adequado para nominalizações. Entretanto, a sugestão de estender esse tratamento a outros tipos de relações lexicais nos leva a problemas difíceis numa teoria do léxico, conforme demonstraremos a seguir.

Jackendoff observa que em nominalizações encontramos diferentes sufixos nominalizadores e muitas relações de significado possíveis, não havendo conexão alguma previsível entre um dado sufixo nominalizador e os significados que uma palavra dada, formada com esse sufixo, possa apresentar. Supondo, então, que a conexão entre sufixos nominalizadores e significados de formas nominalizadas é imprevisível, Jackendoff propõe que regras de redundância morfológica devem ser separadas de regras de redundância semântica, com a ressalva de que regras de redundância semântica dependem da existência prévia de uma redundância morfológica.

Lembremos que, para Jackendoff, apesar de haver propriedades semânticas redundantes entre verbos como *kill* e *die*, não haveria uma regra de redundância semântica, porque não há regra de redundância morfológica entre *kill* e *die*. O mesmo se poderia dizer para *matar* e *morrer* em português (embora esses verbos partilhem a forma de particípio irregular). Notemos, contudo, que pode haver redundância morfológica sem que haja redundância semântica, como prova o par *cair/caimento*.

Regras de redundância morfológica têm a forma exemplificada em (7), e regras de redundância semântica correspondem a (8):

(7) a. $\begin{bmatrix} /y + \text{ion}/ \\ +N \end{bmatrix} \leftrightarrow \begin{bmatrix} /y/ \\ +V \end{bmatrix}$

b. $\begin{bmatrix} /y + \text{ment}/ \\ +N \end{bmatrix} \leftrightarrow \begin{bmatrix} /y/ \\ +V \end{bmatrix}$

c. $\begin{bmatrix} /y + \text{al}/ \\ +N \end{bmatrix} \leftrightarrow \begin{bmatrix} /y/ \\ +V \end{bmatrix}$

(8) a. $\begin{bmatrix} +N \\ +N\,[\,NP_1\text{'s}\_((P)NP_2)\,] \\ \text{ABSTRACT RESULT OF ACT} \\ \text{OF } NP_1\text{'s Z-ing } NP_2 \end{bmatrix} \leftrightarrow \begin{bmatrix} +V \\ +[\,NP_1\_((P)NP_2)\,] \\ NP_1\ Z\ NP_2 \end{bmatrix}$

b. $\begin{bmatrix} +N \\ +N\,[\,NP_1\text{'s}\_((P)NP_2)\,] \\ NP_1\text{'s ACT OR PROCESS} \\ \text{OF Z-ing } NP_2 \end{bmatrix} \leftrightarrow \begin{bmatrix} +V \\ +[\,NP_1\_((P)NP_2)\,] \\ NP_1\ Z\ NP_2 \end{bmatrix}$

c. $\begin{bmatrix} +N \\ +[\_(NP_2)\,] \\ \text{GROUP THAT Z-s } NP_2 \end{bmatrix} \leftrightarrow \begin{bmatrix} +V \\ +[\,NP_1\_(NP_2)\,] \\ NP_1\ Z\ NP_2 \end{bmatrix}$

A proposta de Jackendoff é justificada nos casos de nominalização, porquanto nesses casos realmente encontramos relações semânticas diversas entre verbos e formas nominalizadas, seja qual for o sufixo que é usado para a construção da forma nominalizada. Já que o significado nesses casos não depende do sufixo, é correto formular duas regras de redundância separadas: o custo de referência a duas regras de redundância diferentes, em vez de apenas uma, reflete de modo adequado o fato de que a conexão entre um significado ou conjunto de significados e um dado sufixo é idiossincrásica e, consequentemente, deve ser considerada informação nova e imprevisível e assim ser computada.

Supondo que regras de redundância morfológica devem ser separadas de regras de redundância semântica, Jackendoff afirma que essas regras de redundância devem ser estendidas à descrição de nomes formados de adjetivos, adjetivos deverbais, adjetivos denominais, verbos denominais etc. De acordo com essa proposta, teremos regras de redundância morfológica e regras de redundância semântica não apenas para dar conta das nominalizações, mas também para dar conta de outros tipos de relação lexical. Teríamos, assim, regras de redundância morfológica como as de (9) a (11):

Exemplos de (9), (10) e (11) seriam, respectivamente:
eatable ↔ eat
constructive ↔ construct
obligatory ↔ obligate

(9) $\begin{bmatrix} / \text{ x + able }/ \\ + \text{Adj} \end{bmatrix} \leftrightarrow \begin{bmatrix} / \text{ x }/ \\ + \text{V} \end{bmatrix}$

(10) $\begin{bmatrix} / \text{ x + ive }/ \\ + \text{Adj} \end{bmatrix} \leftrightarrow \begin{bmatrix} / \text{ x }/ \\ + \text{V} \end{bmatrix}$

(11) $\begin{bmatrix} / \text{ x + ory }/ \\ + \text{Adj} \end{bmatrix} \leftrightarrow \begin{bmatrix} / \text{ x }/ \\ + \text{V} \end{bmatrix}$

E teríamos regras de redundância semântica como (12) e (13) – em (13) "WH Z" significa "which Zs", isto é, "que faz a ação de Z":

(12) $\begin{bmatrix} + \text{Adj} \\ \text{ABLE TO} \\ \text{BE Z-ed} \end{bmatrix} \leftrightarrow \begin{bmatrix} + \text{V} \\ \text{Z} \end{bmatrix}$

(13) $\begin{bmatrix} + \text{Adj} \\ \text{WH Z} \end{bmatrix} \leftrightarrow \begin{bmatrix} + \text{V} \\ \text{Z} \end{bmatrix}$

Mas surge um problema para a proposta de Jackendoff, porque *-able* deve ser relacionado a (12), e não a (13); e *-ive* e *-ory* se relacionam a (13), não a (12). Em outras palavras, a situação de adjetivos deverbais não é a mesma situação de nomes deverbais. A separação proposta por Jackendoff não somente diz, de maneira incorreta, que, por exemplo, os adjetivos em *-ory* podem ter o significado expresso em (12); mais do que isso, ela diz que o significado dos adjetivos em *-able* não é previsível, o que é obviamente falso[12].

O mesmo tipo de problema acontece com as formas correspondentes X*ável*, X*ivo* e X*ório* em português. Além delas, temos em português um grande número de sufixos associados a interpretações específicas, tais como *-inho* 'diminutivo', *-ão* 'aumentativo', *-íssimo* 'superlativo' etc. As construções regulares em que esses sufixos ocorrem – e, mais especificamente, todas as construções em que ocorrem sufixos com significados reconhecíveis – não podem ser descritas de maneira adequada se adotarmos a sugestão de Jackendoff. Sua proposta para uma generalização não é adequada porque pretende negar o fato de que muitos sufixos têm significados previsíveis.

As formas *lavável, invasivo* e *mandatório* seriam exemplos de grupos de palavras em português com sufixos mais ou menos equivalentes aos do inglês mencionados por Basílio. Sobre a questão da previsibilidade ou não do significado dos sufixos derivacionais, é preciso dizer que trabalhos como o de Freitas (2015) mostram, com base em tratamento estatístico de dados das nominalizações em português, que há diferenças semânticas consistentes entre os nominalizadores *-ção* e *-mento* (ainda que não verificáveis em todos os itens).

Sumariando, Jackendoff apresenta uma descrição do fenômeno da nominalização em que os problemas da proposta de Chomsky são evitados. Mas a sugestão de estender o mesmo tratamento a todos os tipos de relações lexicais não pode ser aceita. Por outro lado, Jackendoff não consegue resolver o problema de itens lexicais cujas bases não são formas livres.

---

12. Por exemplo, um falante de inglês que conhece a palavra *wash* pode interpretar *washable* como "algo que pode ser lavado", mas não como "algo que lava". Da mesma maneira, interpretamos *lavável, cantável, transável* etc. em português em referência ao que pode ser lavado, cantado, transado etc., mas nunca com um significado de agentivo.

2.3.3 A teoria de Aronoff

No livro *Word formation in generative grammar*, Aronoff (1976) apresenta uma contribuição de alta relevância para o estudo da produtividade no léxico. Em particular, a especificação da produtividade de uma regra de acordo com características morfológicas da base e a noção de bloqueio constituem fatores de importância decisiva para o desenvolvimento de restrições à chamada classe potencial de palavras de uma língua.

Tomemos, como ilustração do primeiro ponto, o caso de um sufixo como *-idade* em português. A produtividade desse sufixo em língua portuguesa está fora de qualquer discussão. Entretanto, o grau de produtividade varia, dependendo das características morfológicas das possíveis bases. Assim, por exemplo, a produtividade de *-idade* em bases com a constituição morfológica X*vel* é quase 100%; este nível é drasticamente reduzido em formas do tipo X*ico* e totalmente inexistente em formas X*udo*. Portanto, na medida em que estabelecermos restrições de produtividade em regras de adição de sufixos de acordo com as características morfológicas das bases, estaremos restringindo de modo adequado a classe potencial das palavras da língua.

Como se vê no contraste entre *único* > *unicidade* e *úrico* > **uricidade*.
Como se vê na impossibilidade de *barbudo* > **barbudicidade* ou *peituda* > **peitudicidade*.

Também a noção de bloqueio é altamente relevante para a determinação da classe de palavras possíveis no léxico de uma língua, uma vez que essa noção prevê o bloqueio de operações de regras produtivas em bases cujas possíveis contrapartes não seriam necessárias ao léxico[13].

Entretanto, a proposta central de Aronoff para uma morfologia baseada em palavras apresenta sérios problemas, que passaremos a discutir. A proposição básica da teoria de Aronoff corresponde a (14):

---

13. Entre outras coisas, a noção de bloqueio fornece uma explicação natural para o fato de que, dada uma contraparte nominal de um verbo, com a composição morfológica X, não encontraremos outra contraparte nominal de composição morfológica diferente para exercer a mesma função. Voltaremos a esse ponto no capítulo 3.

(14) "Todos os processos regulares de formação de palavras são baseados em palavras. Uma palavra nova é formada pela aplicação de uma regra regular a uma única palavra previamente existente no léxico."

Tais processos regulares de formação de palavras, chamados RFPs, têm a forma apresentada em (15),

(15) $[\,X\,]_A \rightarrow [\,[\,X\,]_A\,Y\,]_B$

em que ambos os elementos $[\,X\,]_A$ e $[\,[\,X\,]_A\,Y\,]_B$ são formas livres na língua e têm uma especificação única em termos da categoria lexical maior.

Em suma, Aronoff afirma que palavras novas numa língua podem provir apenas de palavras que já existem dentro da língua. Entretanto, é fácil encontrarmos palavras que parecem ter sido formadas por regras produtivas de formação de palavras mas cujas bases não são palavras da língua[14]. A fim de resolver o problema causado por esses dados, Aronoff propõe o estabelecimento de "regras de truncamento", isto é, regras que cancelam morfemas. Tais regras têm a forma especificada em (16),

(16) $[\,[\,raiz + A\,]_X\,B\,]_Y$

$1\quad\ 2\quad\ 3\quad\Rightarrow\quad 1\,\varnothing\,3$

em que X e Y são categorias lexicais maiores.

Aronoff (1976, p. 88) admite que, sem regras de truncamento, a proposição para uma morfologia unicamente baseada em palavras é insustentável: "Regras de truncamento são necessárias em nossa teoria simplesmente porque sem elas podemos encontrar com frequência casos de palavras derivadas regularmente, com transparência semântica, formadas com afi-

---

14. Por exemplo, *autor, embaixador, asserção, condição* etc.

xos que sabemos serem vivos e regulares em suas operações, mas que na superfície não parecem ter sido derivadas de palavras".

Mas o uso de regras de truncamento permite a Aronoff dizer, por exemplo, que uma palavra como *nominee* 'nomeado' é derivada do item lexical *nominate* 'nomear': o sufixo *-ee* é adicionado ao verbo da maneira usual, gerando a forma **nominatee*, que então sofre a regra de truncamento (17),

(17) [[nomin + ate]$_V$ ee]$_N$

      1   2   3   ⇒ 1 ∅ 3

E de que resulta a forma *nominee*.

As regras de truncamento, entretanto, constituem um mecanismo por demais poderoso, que praticamente torna vácua a proposição para uma morfologia baseada em palavras[15]. Além disso, essas regras não são suficientes para manter a proposta de Aronoff.

Consideremos, nesse sentido, os dados em (18):

(18) aggression   aggressive   aggressor   *aggress
       (Xion)   (Xive)   (Xor)   (X)

---

15. O estabelecimento de regras de truncamento na teoria necessitaria de uma motivação muito forte, que Aronoff não consegue apresentar. Aronoff afirma que regras de truncamento forneceriam uma explicação para (a) o fato de que todas as formas X*ive*/X*ory* em inglês dependem da existência prévia de uma forma X*ion*; e (b) o fato de que, sempre que uma forma nominalizada X*ion* apresenta extensões de sentido, essas extensões também aparecem nas formas X*ive*/X*ory*. Entretanto, independentemente de tais fenômenos poderem ser explicados por mecanismos alternativos, a motivação apresentada por Aronoff é fraca pelo simples motivo de que os fatos alegados não são verdadeiros. Isto é, nem todas as formações X*ive*/X*ory* apresentam contrapartes X*ion* (p. ex., *divorcive, combative* etc.); e nem todas as extensões de sentido de formas em *-ion* se comunicam às formas X*ive*/X*ory* correspondentes (p. ex., *impression* 'noção vaga' / *impressive*; *circulation* 'circulação de jornais, revistas etc.' / *circulatory* etc.). Assim, tais regras constituem um mecanismo *ad hoc*, além de ineficiente, como veremos a seguir.

Segundo Aronoff, podemos explicar dados desse tipo através de regras de truncamento: palavras Xive e Xor seriam derivadas de palavras Xion, como em (19):

(19) a. [[aggress + ion]$_N$ ive]$_{Adj}$
           1   2   3 ⇒ 1 ∅ 3 = agressive

     b. [[aggress + ion]$_N$ or]$_N$
           1   2   3 ⇒ 1 ∅ 3 = agressor

Assim, as regras de truncamento explicariam as formas Xive e Xor. Entretanto, essas regras não explicam a formação Xion. Como a regra de adição de -*ion* é tão ou mais produtiva do que as regras de adição de -*ive* e -*or*, continuamos com uma série considerável de contraexemplos para uma morfologia baseada em palavras, nos termos propostos por Aronoff.

Para que fique bem clara a discussão, é preciso considerar que, em primeiro lugar, no inglês não existe uma palavra verbal *aggress*. Então, as palavras *aggressive* e *agressor* devem ser derivadas de alguma outra palavra, e Aronoff vai assumir que são derivadas do nome *aggression*. Assim, é preciso que a teoria explique por que a palavra *aggressive* não é *aggressionive, por exemplo. Aronoff vai propor um conjunto de regras de truncamento que (a) reconhecem os morfemas na estrutura da palavra e (b) apagam alguns deles em determinados contextos. No exemplo, a regra apaga o morfema nominalizador -*ion* para que a palavra que encontramos na língua, *aggressive*, seja gerada pela regra de formação de palavras. Contudo, vê-se que a própria regra reconhece o morfema nominalizador -*ion* em *aggression*, morfema associado à aplicação de uma regra de formação de nomes deverbais bastante produtiva em inglês. Mas, se o morfema está lá, *agression* é uma palavra derivada e, portanto, a base verbal *aggress* deveria existir na língua.

Em suma, regras de truncamento constituem um mecanismo por demais poderoso, que não deve ser aceito na teoria; ainda assim, esse mecanismo não é suficiente para explicar os contraexemplos para a hipótese de uma morfologia exclusivamente baseada em palavras. Essa hipótese, portanto, não pode ser mantida.

Assim, o problema de palavras cujas bases não são formas livres dentro da língua continua sem solução.

2.4 CONSIDERAÇÕES FINAIS

2.4.1 Morfemas e significado

Um dos maiores problemas da morfologia estruturalista é a definição do morfema como um signo mínimo, isto é, como uma unidade mínima

Novamente, é possível que Basílio tenha em mente problemas como o da raiz -*ceb*- em *conceber, receber, perceber*; uma questão também explorada na literatura brasileira, como no texto já mencionado "Mais palavreado", de Luis Fernando Veríssimo:

– É verdade – disse o custódio, olhando os forasteiros de balaio. – Todas as aves que piam do mundo estão na coleção do nosso rei.

– Todas não – **plicou** Palpos.

– Como não? – **replicou** o custódio.

– Sabemos de aves raras que piam como nenhuma outra que não estão na coleção de Sua Indecência.

– E onde estão essas aves? – **triplicou** o custódio.

significativa. Essa definição leva os estruturalistas a problemas insolúveis, dada a existência de inúmeras redundâncias morfológicas não relacionadas à recorrência de significado.

Assim, é natural que os gerativistas tenham reagido contra a concepção do morfema como uma entidade mínima necessariamente significativa. Entretanto, a adoção de um ponto de vista radicalmente oposto, isto é, a consideração de que morfemas não têm significado, é inadequada do mesmo modo. Assim, por exemplo, a proposta de Jackendoff para a separação entre regras de redundância morfológica e regras de redundância semântica corresponde à afirmação de que entidades morfológicas como afixos não são relacionadas a significados de uma maneira sistemática, o que é verdadeiro no caso dos sufixos nominalizadores, mas sem dúvida falso no caso de muitos outros sufixos.

É relativamente simples reconhecer que a concepção estruturalista do morfema apresenta problemas. Entretanto, propor um critério substituto por meio do qual possamos reconhecer morfemas não é uma tarefa simples. Isso constitui um problema no modelo de Jackendoff, que não nos dá nenhum meio adequado para a distinção entre redundância morfológica e identidade fonológica.

Aronoff observa o problema e propõe um critério para o reconhecimento de morfemas, ou seja, o grau de relacionamento de uma determinada sequência fônica com uma entidade linguística que existe fora dessa sequência fônica. A definição é bastante vaga e necessita maiores esclarecimentos, mas constitui um ponto de partida para o estudo da natureza de elementos morfológicos, em oposição a meras sequências fônicas. Infelizmente, Aronoff não é sempre consistente em suas sugestões. Assim, por exemplo, ele também assume uma posição semelhante à de Jackendoff e acredita que afixos, bem como raízes, quase não têm significado, o que traz graves problemas para o modelo proposto.

Na realidade, a afirmação de que raízes e afixos não têm significado é tão inadequada quanto a afirmação de que ambos sempre têm significado. Consideremos, por exemplo, o caso clássico de **aggress* em inglês. Essa forma é agramatical para muitos falantes de inglês, mas não há a mínima dúvida sobre qual seja seu significado. O mesmo acontece com a raiz de pares *retribution/retributive* etc. Quanto a afixos, já vimos anteriormente uma série de casos em português e inglês. Como percebemos, o número de raízes e afixos que tem significados reconhecíveis é considerável.

É verdade que sufixos são marcadores de categorias lexicais maiores, mas isso não é incompatível com a afirmação de que sufixos podem adicionar significados específicos a suas bases. É importante ressaltar, nesse sentido, que em alguns casos os sufixos são usados como marcadores sintáticos apenas em termos de uma função secundária. Um exemplo desse caso seria o sufixo diminutivo *inho* em português. Esse sufixo é adicionado a uma base para indicar o significado adicional "diminutivo". Ora, como tanto a base quanto a palavra resultante da adição do afixo são nomes, *-inho* naturalmente pode servir como um marcador sintático, mas não é essa sua função primária. Também é evidente que em inglês, português e muitas outras línguas a única função dos prefixos é adicionar significados específicos às bases com que se combinam.

> Na maior parte dos casos, sim, mas nem sempre (*cedinho*, *bonitinho*, *euzinha*). De qualquer modo, parece claro que esse elemento não muda a categoria da base, mesmo em inovações como *namorandinho* ou *chovendinho*, que continuam sendo verbos. Há análises que entendem a formação de diminutivos como um caso de infixação e outras, como um caso de composição – cf. discussão em Guimarães e Mendes (2011), Armelin (2018) e referências citadas nesses textos. De todo modo, não é claro que *-inho* possa servir como um marcador sintático, como defende Basílio, se por "marcador sintático" ela está fazendo referência ao que define a classe da palavra, já que ele não parece carregar informação positiva dessa natureza.

Esses fatos mostram que a afirmação de que raízes e afixos praticamente não têm significado é por demais restritiva.

Em suma, temos que admitir que a presença de algum significado não é o que caracteriza morfemas, mas temos também que admitir que muitos – se não a maior parte – dos morfemas, na realidade, apresentam significados específicos. O fracasso dos estruturalistas a esse respeito provinha da afirmação extremada de que morfemas sempre têm significado. A afirmação oposta dos gerativistas é igualmente fadada ao fracasso.

O problema que uma teoria da morfologia derivacional tem que enfrentar é que, devido, pelo menos parcialmente, a fatores de semântica, num grande número de construções não podemos atribuir um significado específico a cada componente morfológico. Construções desse tipo coexistem com construções em que o significado de cada parte da palavra é facilmente depreensível. A resolução desse problema não é fácil. No momento, sabemos apenas que qualquer posição extremada bloqueará uma série de linhas de pesquisa, que nos poderiam levar a um entendimento mais profundo desses problemas.

O conceito de mudança de significado é antigo na história dos estudos linguísticos. Por exemplo, esse conceito está implícito na controvérsia entre naturalistas e convencionalistas na Grécia, que levou ao desenvolvimento de estudos etimológicos. A busca do significado "real" de palavras nos indica o pressuposto de que o significado das palavras sofre mudanças.

Na literatura, o fato de que o significado das palavras pode mudar é assumido tacitamente. Por exemplo, Bréal enfatiza a rapidez com que as palavras se distanciam de sua origem etimológica; Saussure apresenta um argumento em favor da arbitrariedade dos signos onomatopaicos mostrando que muitos deles evoluíram para símbolos totalmente arbitrários; e assim por diante. Um estudo da evolução de sentidos é apresentado por Stern (1931).

O termo "deriva semântica" é usado por Aronoff em referência ao fato de que palavras podem mudar seu significado como um resultado de sua permanência no léxico da língua. Em seu modelo, construções morfológicas semanticamente transparentes não devem ser listadas no léxico[16]. Neste

---

16. A sugestão de Aronoff de que não listemos no léxico construções semanticamente transparentes não é aceitável, porque a disponibilidade de palavras como bases para novas construções pressupõe sua existência no léxico. Por outro lado, se a deriva semântica

trabalho usaremos a expressão "deriva semântica" no sentido empregado por Aronoff, mas não adotaremos sua sugestão de que somente palavras que sofreram mudança semântica devem ser listadas no léxico. De resto, focalizaremos sobretudo mudanças de significado que possam causar opacidade em construções morfológicas.

Neste trabalho, assim como na maioria de trabalhos sobre morfologia, usamos os termos tradicionais "morfema" e "afixo" por razões de ordem prática. Mas, na realidade, o estabelecimento de morfemas como entidades linguísticas não é necessário numa abordagem gerativa da morfologia derivacional. No modelo "Elemento e Arranjo", era inevitável estabelecer unidades como morfemas, que eram então combinadas umas com as outras na formação das palavras. Dentro de uma abordagem gerativa, palavras são formadas por regras e/ou analisadas por regras, de modo que o estabelecimento de entidades como morfemas ou afixos, como elementos separados de regras e bases, constitui uma repetição desnecessária e, provavelmente, indesejável.

2.4.2 Bases para construções morfológicas: palavras e radicais

Regras, por definição, operam sobre bases especificadas. Assim, os gerativistas têm que enfrentar o problema, não partilhado pelos estruturalistas, de prover as bases sobre as quais as regras devem operar.

Esse é o motivo para a ênfase dada na literatura a casos em que construções morfologicamente complexas são baseadas em itens lexicais que não ocorrem como formas livres da língua. Nos casos normais é simples estabelecer palavras como unidades primitivas no léxico e levar em consideração redundâncias por meio de regras que relacionam palavras (Jackendoff) ou levar em conta a formação de palavras novas por meio

---

depende da permanência da palavra no léxico, como Aronoff afirma, sua sugestão corresponderia à afirmação de que palavras semanticamente transparentes nunca podem mudar de sentido, o que é obviamente falso.

de regras que adicionam afixos (Aronoff); as bases para essas regras são palavras que estão estabelecidas como unidades primitivas no léxico.

O problema surge em casos de construções morfológicas cujas redundâncias e/ou cujos processos de formação têm de ser levados em conta, mas cujas bases não são palavras da língua. Jackendoff tentou resolver esse problema em sua abordagem da redundância lexical, mas o formalismo proposto entra em colapso justamente nesses casos. Aronoff afirma que regras produtivas são sempre baseadas em palavras, o que o leva ao uso de mecanismos *ad hoc* de difícil aceitação. Assim, esse problema permanece sem solução na morfologia derivacional.

Ambos, Jackendoff e Aronoff, defendem uma teoria morfológica baseada em palavras. No modelo de Jackendoff, o léxico consiste em uma lista de entradas lexicais plenamente especificadas, a qual corresponde exatamente às palavras que existem na língua; e um conjunto de regras de redundância, que estabelecem relações entre essas entradas lexicais. Como consequência, ele não pode levar em conta relações entre palavras cujas bases não são itens lexicais que ocorrem como formas livres.

No modelo de Aronoff, afirma-se que regras de formação de palavras operam exclusivamente em palavras já existentes no léxico da língua; a consequência disso é Aronoff ter que recorrer a regras de truncamento para explicar os casos em que bases de palavras formadas por regras produtivas não são palavras dentro da língua.

A seguir, mostraremos que a alternativa oposta, ou seja, uma teoria baseada apenas em radicais, é igualmente fadada ao fracasso.

Na gramática tradicional, o termo "tema" era usado em referência a uma raiz ou um radical seguido por uma vogal temática, o que normalmente constituiria a base para formas flexionadas de palavras. Assim, por exemplo, numa forma como *amas* em latim, *am-* é a raiz e *ama-* é o tema para a forma flexionada *amas*.

Já o termo "radical" era sobretudo usado em referência a qualquer base para uma construção morfológica, em oposição à "raiz", tradicionalmente considerada elemento morfológico mínimo. Assim, por exemplo, em *transformacionalista*, a raiz é *form-*; *transform-* é o radical de *transformação*, *transformação* é o radical de *transformacional* e *transformacional* é o radical de *transformacionalista*. Neste trabalho usaremos o termo "radical" com esse sentido. Observe-se que em muitos casos o radical pode coincidir com a raiz.

A asserção básica de uma teoria baseada em radicais seria a de que as unidades primitivas do léxico são radicais: as palavras seriam formadas pela aplicação de regras de formação a uma lista básica de radicais.

Dentro de uma teoria baseada em radicais, casos como *condition*, *retribution*, *evacuee* etc. não apresentam nenhum problema. Tudo o que temos que fazer é assumir que radicais podem ser marcados para categorias lexicais[17]. Assim, podemos formular regras do tipo (20),

(20) $\{x\}_A \rightarrow \{\{x\}_A y\}_B$

onde o símbolo { } indica fronteiras de radicais.

Essas regras formam palavras sobretudo na base de palavras já existentes. Assim, a fim de manter a asserção de que as palavras são exclusivamente formadas de radicais, temos que estabelecer radicais como as unidades básicas da língua, das quais todas as palavras de fato existentes são derivadas, sejam elas morfologicamente simples ou complexas. Isso poderia ser feito por uma convenção geral do tipo (21):

(21) $\{X\}_A \rightarrow [X]_A$

onde o símbolo [ ] indica fronteiras de palavras.

---

17. Aqui, o termo "categoria" tem um sentido mais morfológico do que sintático. As categorias corresponderiam a marcadores para classes de bases sobre as quais as RFPs operariam.

A convenção (21) seria ordenada depois da aplicação de todas as regras derivacionais em diferentes níveis de complexidade. Em outras palavras, regras do tipo (20) não são regras de formação de palavras, mas regras de formação de radicais: elas produzem apenas radicais, que serão mais tarde convertidos em palavras pela convenção (21).

A teoria baseada em radicais, como podemos ver, é uma variante notacional da teoria baseada em palavras. Em vez de derivar palavras diretamente de palavras e estabelecer regras de formação de palavras, dizemos que todas as palavras são basicamente radicais, estabelecemos regras de formação de radicais e, enfim, todas as palavras são derivadas de radicais por meio da convenção (21). Até o presente momento, a diferença entre as duas abordagens é que na teoria baseada em radicais não precisamos usar regras de truncamento, embora tenhamos que adicionar a convenção (21). Esta última é bem mais geral, embora desconfortável, já que representa um truísmo[18]. Ainda assim, a teoria baseada em radicais estaria justificada, se o seu estabelecimento pudesse resolver problemas, tais como os apresentados por dados como *condition, retribution* etc.

Mas, na realidade, esses problemas não são resolvidos pela adoção de uma teoria baseada em radicais; eles são apenas transferidos para um outro ponto da gramática. Numa teoria baseada em palavras, o problema é como lidar com palavras formadas de radicais que não são formas livres; numa teoria baseada em radicais, o problema é como lidar com radicais que não se transformam em palavras. É fácil observar que essas dificuldades não são nada mais do que dois aspectos diferentes do mesmo problema: a convenção (21) não se pode aplicar a radicais para os quais não há palavra correspondente na língua – estes são exatamente os casos que são tratados por meio de regras de truncamento no modelo de Aronoff e que não podem ser descritos pelo formalismo de Jackendoff. Por exemplo, a convenção (21)

Os exemplos relevantes poderiam ser *mar* ou ainda *agro*, em construções como em *agro* é *pop*.

18. Num de seus usos, o termo "radical" é sinônimo de "base". Nesse sentido, (21) diz que radicais podem ser ou bases para a formação de palavras complexas ou palavras que ocorrem livremente na língua.

não se pode aplicar a *nomin*; assim, como se poderia esperar, *nominee* é derivado, na teoria de Aronoff, de *nominatee*, por meio de uma regra de truncamento que cancela a sequência *-ate*.

Como a convenção (21) não pode se aplicar a radicais que não correspondem a palavras que existem concretamente na língua, não há outro jeito senão recorrer a mecanismos *ad hoc*, a fim de marcar os radicais aos quais a convenção não é aplicável. Esse é o problema subjacente ao estabelecimento de mecanismos tais como o traço [-inserção lexical] no modelo de Halle. Ao que se saiba, não há maneira não arbitrária de lidar com esse problema numa teoria baseada em radicais.

Em suma, uma teoria exclusivamente baseada em radicais nos levará a mecanismos *ad hoc*, da mesma maneira que uma teoria exclusivamente baseada em palavras nos levou. Ambas as hipóteses são desinteressantes do ponto de vista teórico, já que apenas descrevem os fatos, sem explicá-los; ambas têm que recorrer a mecanismos *ad hoc*, que nos impedem de formular questões realmente interessantes em morfologia derivacional, ou seja, o que faz uma regra ser produtiva, por que algumas palavras podem ser formadas de radicais, quais regras podem operar sobre radicais e por que etc.

Por esse motivo, suporemos neste trabalho que qualquer tentativa de construção de uma teoria exclusivamente baseada em palavras ou exclusivamente baseada em radicais deve ser abandonada.

3

Formação e análise de palavras no componente lexical

3.1 INTRODUÇÃO

Conforme observamos antes, a tentativa de equacionar a análise da estrutura de palavras com a produção de novas palavras no léxico levou a hipóteses desinteressantes sobre a formação de palavras. Por outro lado, vimos que teorias que restringem a operação de RFPs somente a bases que sejam formas livres na língua – ou, ao contrário, a bases que sejam radicais presos – levam necessariamente a mecanismos *ad hoc* e nos impedem de formular questões relevantes para a especificação de bases sobre as quais as regras produtivas podem operar.

Neste capítulo será proposto um modelo em que as regras produtivas de formação de palavras são distintas das regras que analisam a estrutura interna das palavras. Essa distinção nos permite tratar tanto de criações novas quanto de formações fossilizadas no léxico, de uma maneira mais interessante para a teoria.

A proposta a ser apresentada enfatiza o papel de diferentes tipos de relações paradigmáticas no léxico. Essas relações influem no teor de aplicabilidade de regras de análise estrutural a radicais específicos, na produtividade de alguns sufixos e nas condições de operação de regras de formação de palavras sobre radicais presos.

Vale lembrar que as relações paradigmáticas de que Basílio fala se inspiram nas relações associativas de Saussure. Ao contrário das relações sintagmáticas, que se estabelecem entre um termo e os termos que o precedem e sucedem na cadeia da fala, as relações associativas ou paradigmáticas se estabelecem entre termos que não estão um na presença do outro na cadeia da fala, mas que podem ser relacionados por compartilharem propriedades morfológicas ou semânticas.

3.2 REGRAS DE FORMAÇÃO DE PALAVRAS E SUAS CONTRAPARTES DE ANÁLISE ESTRUTURAL

Nesta seção demonstraremos como abordar simultaneamente novas criações lexicais e construções fossilizadas no léxico, através da distinção entre RFPs e RAEs.

O pressuposto de que RFPs e RAEs deveriam ser cobertas pelo mesmo tipo de regra levou os modelos anteriores à concentração em apenas um aspecto da morfologia derivacional – regras de redundância lexical no modelo de Jackendoff e regras de formação de palavras no modelo de Aronoff. Aqui, consideraremos a redundância lexical e a formação de palavras como dois fenômenos relacionados, mas distintos; assim, propomos dois tipos de regras na teoria: as RAEs e as RFPs. Essa proposição de duas regras distintas não é motivada por uma simples questão de maior abrangência. Mais do que isso, acreditamos que a maior parte dos problemas encontrados nos modelos precedentes deriva do caráter unilateral assumido por cada abordagem. Considerando que existem dois tipos distintos de regras, podemos estudar a interação entre eles e assim fornecer uma descrição mais conveniente do problema apresentado pela coexistência de construções novas (regulares) e formações estratificadas.

Em 1.3 observamos que a asserção de Aronoff de que somente RFPs podem ser usadas como regras de redundância é muito forte. Sugerimos uma versão mais fraca em (1):

(1)   Todas as RFPs têm contrapartes de análise estrutural.

(1) diz que, se temos uma regra produtiva, isto é, uma regra que pode formar palavras novas na língua, essa regra tem como contraparte uma RAE. Assim, estamos afirmando que, se os falantes reconhecem redundâncias a ponto de utilizá-las na formação de novas palavras, então os falantes também podem utilizar esse conhecimento das redundâncias para a análise da estrutura de palavras já existentes.

De acordo com (1), a existência da RFP (2) implica a existência da RAE (3):

(2) $[\ X\ ]_A \rightarrow [\ [\ X\ ]_A\ Y\ ]_B$
(3) $[\ [\ X\ ]_{(A)}\ Y\ ]_B$[19]

Tomemos, como um exemplo concreto, a regra de adição de *-ness* em inglês:

(4) $[\ X\ ]_{Adj} \rightarrow [\ [\ X\ ]_{Adj}\ \text{ness}\ ]_N$

De acordo com (1), (4) tem a contraparte (5):

(5) $[\ [\ X\ ]_{Adj}\ \text{ness}\ ]_N$

(4) diz que podemos formar nomes em inglês através da adição de sufixo *-ness* a uma base da categoria lexical de adjetivo; (5) diz que, pela mesma razão, podemos analisar nomes em *-ness* do inglês como sendo formados de adjetivos por meio da adição do sufixo *ness*. A regra (5) pode ser usada de diferentes maneiras. Se o falante conhece tanto o adjetivo X como o nome X*ness*, ele pode relacionar os dois itens por meio de (5); se o falante conhece apenas o item X*ness*, ele terá capacidade de deduzir o significado e a categoria lexical de X; se o falante ouve uma forma desconhecida X*ness*, ele pode automaticamente identificar essa forma como um nome abstrato formado na base de um adjetivo – nesse caso, se ele conhecer o adjetivo correspondente, ele poderá interpretar X*ness* na totalidade de seu significado; se ele não conhecer o adjetivo correspondente, ele apenas terá a informação de que a forma X*ness* é um nome abstrato formado de um adjetivo.

A contraparte de análise estrutural de uma regra produtiva R analisa a estrutura das palavras formadas por R. Por exemplo, se um falante usa (4)

---

19. Cf. seção 6.2. Na medida em que RAEs podem analisar formas cujas bases são radicais presos, nem sempre a categoria da base é definida com precisão. Por isso A aparece entre parênteses em (3).

para formar uma palavra como *okeyness*, o ouvinte pode interpretar automaticamente essa palavra de maneira adequada usando (5).

A regra de adição de -*ness* foi escolhida como o primeiro exemplo a fim de demonstrar a proposta através de um caso claro. Passaremos a discutir casos de regras produtivas que são menos gerais do que a adição de -*ness*. Entre esses, focalizaremos agora regras como a de adição de -*ção*, cujos produtos podem ter bases que não são formas livres dentro da língua.

A regra de adição de -*ção* é apresentada em (6) e sua contraparte de análise estrutural em (7):

(6) $[X]_V \rightarrow [[X]_V \text{ção}]_N$
(7) $[[X]_{(V)} \text{ção}]_N$

Observe-se que em (6), mas não necessariamente em (7), a base é uma forma livre da língua. A regra (6) afirma que verbos podem ser bases para formas nominalizadas em -*ção*; (7) diz que nomes terminados em -*ção* podem ser analisados como sendo formados pela adição do sufixo -*ção* a uma base verbal. Contrapartes de análise estrutural de regras produtivas podem analisar não apenas formações baseadas em formas livres, mas também formações estratificadas, cujas bases não são formas livres dentro da língua. Assim, do mesmo modo que um falante reconhece uma forma desconhecida como sendo formada pela adição de -*ness* a uma base adjetiva, ele também pode reconhecer uma forma X*ção* como tendo sido formada pela adição de -*ção* a uma base verbal.

A aplicação de uma regra de análise estrutural a uma dada forma implica o reconhecimento da base dessa forma. Por exemplo, (7) pode se aplicar a *asserção*, conforme é demonstrado em (8):

(8) $[[\text{ assert }]_{(V)} \text{ção}]_N$

Uma qualificação deve ser feita aqui. A suposição de que a base contém o segmento -*t* final é perfeitamente consistente com a forma do adjetivo *assertivo*. Para a forma nominal em -*ção*, no entanto, talvez o mais interessante seja dizer que a forma de base do morfema que se superficializa como -*ção* seja, de fato, fonologicamente mais próxima de -*ion* ou -*tion*. Há razões para crer que esse -*ão* final no português seria resultado de um conjunto de operações fonológicas em fim de palavras quando terminam em -*(t)(i)on(e)*; ver, p. ex., Callou e Leite (1990). Assim, a queda do -*t* final da base não é surpreendente, dada a possibilidade de queda de um segmento idêntico na fonologia do sufixo português.

Assim, a sequência *assert* pode ser isolada por meio de (7). Supondo que a regra de adição de *-ivo* também é produtiva, temos regras como (9) e (10) na gramática:

(9) $[\ X\ ]_V \rightarrow [\ [\ X\ ]_V\ ivo\ ]_{Adj}$
(10) $[\ [\ X\ ]_V\ ivo\ ]_{Adj}$

Assim, a sequência *assert* pode ser isolada tanto por (8) como por (10), já que existe o termo *assertivo* no léxico do português.

Observe-se que em (1) afirmamos que todas as regras produtivas têm contrapartes de análise estrutural, mas, nos exemplos de RAEs, utilizamos a expressão "pode ser". A razão é simples: embora as regras de análise estrutural estejam sempre disponíveis, não se segue que os falantes sempre farão uso delas.

3.2.1 Aplicabilidade de regras de análise estrutural

Na verdade, a aplicabilidade de RAEs a formas específicas depende das condições do léxico que permitam o reconhecimento do sufixo e/ou da base. Quando uma RAE é transparente, temos condições ótimas de aplicabilidade – isto é, a própria RAE fornece condições para o isolamento da base e do sufixo na construção morfológica. Mas, quando a RAE é opaca, suas condições de aplicabilidade dependem do *status* da suposta base – isto é, das condições que o léxico fornece para o reconhecimento dessa base como tal.

As noções de opacidade e transparência, enquanto aplicadas à morfologia, podem ser definidas como se segue. Uma RAE é maximamente transparente quando, para qualquer forma, (a) a composição fonética do sufixo que ela especifica é identificável sem ambiguidade; e (b) a função e/ou o significado do sufixo que ela especifica é definida com precisão, assim como a classe de bases com que esse sufixo pode ser combinado.

Se alguma dessas condições é violada, a regra é opaca. Assim, uma RAE é opaca quando as formas a que ela poderia ser aplicada podem também ser analisadas como tendo uma estrutura diferente ou como sendo indivisíveis.

Consideremos, por exemplo, a regra de adição de *-ness*. A contraparte de análise estrutural dessa regra apresenta transparência máxima para uma regra derivacional: não há mudanças morfofonológicas na base ou no sufixo; o sufixo forma palavras exclusivamente na base de formas livres, caracterizadas apenas como adjetivos; quase todas as palavras terminando em *-ness* no inglês podem ser analisadas como sendo formadas por (4) – o número de exceções é desprezível, o número de formações em *-ness* é enorme, e a extensão da regra cobre uma grande parte do vocabulário coloquial da língua. Em suma, a regra é altamente produtiva e não há praticamente opacidade de espécie alguma. Portanto, temos as condições máximas de aplicabilidade para a contraparte de análise estrutural da regra de adição de *-ness* em inglês.

Consideremos, agora, as regras de adição *-ivo* e *-ção* em português. Em construções X*ivo* e X*ção* encontramos com frequência mudanças morfofonológicas (como em *decidir/decisão/decisivo*; *agredir/agressão/agressivo* etc.); em muitos casos, as bases não são formas livres dentro da língua (p. ex., *emotivo, aditivo, escoriação, nação, aversão* etc.); a extensão de sentido e/ou classe é comum (p. ex., a substantivação de adjetivos X*ivo*, a interpretação "evento" para formas X*ção* etc.). Assim, as contrapartes de análise estrutural das regras de adição de *-ivo* e *-ção* são opacas e, consequentemente, as condições de aplicabilidade dessas RAEs a formas específicas são muito mais restritas do que as condições de aplicabilidade da RAE correspondente à regra de adição de *-ness* em inglês.

Sempre que uma RAE é opaca, sua aplicabilidade a formas específicas depende de condições lexicais que permitam o reconhecimento do sufixo e/ou da base. É claro que, quando a construção é baseada numa forma livre, a regra de análise estrutural, mesmo opaca, pode ser aplicada sem maiores problemas. A ocorrência de uma forma como forma livre na língua é a condição ideal de isolabilidade dessa forma como base de uma construção morfológica. Por exemplo, se o falante conhece a palavra *participar* e ouve a forma *participação*, ele pode automaticamente interpretar o significado de *participação* por meio de uma RAE como (7); embora a contraparte da regra de adição de *-ção* seja opaca, as condições ideais de isolabilidade da base permitem a aplicação automática da regra – ou, em outros termos, a regra é opaca, mas a isolabilidade da base torna a construção transparente.

Mas se a base de uma dada forma não tem condições ideais de isolabilidade e a RAE é opaca, então temos que ver se o léxico fornece condições outras para o isolamento da base em relação ao sufixo na construção; antes disso, não podemos afirmar se uma dada RAE é aplicável ou não a uma dada forma.

Mais especificamente, estamos afirmando que da existência de uma dada regra produtiva e de sua contraparte de análise estrutural não se segue que a contraparte de análise estrutural seja aplicável a quaisquer formas cujas terminações coincidam fonologicamente com o sufixo especificado pela regra produtiva e pela contraparte de análise estrutural. Em termos concretos, da existência das regras (6) e (7) em português não se segue que os falantes de português possam analisar todas as formas terminadas em /são/ como sendo construções formadas pela regra (6).

Alguns fatos do português mostram a propriedade dessa afirmação; por exemplo, *aviação* tem aparentemente esse mesmo morfema *-ção*, mas não é palavra derivada de verbo, como estabelece a regra (6); e o mesmo pode ser dito de palavras como *porção* ou *caução* (como em *cheque-caução*), para as quais não é possível identificar um verbo do qual elas seriam derivadas.

Para ilustrar esse ponto, consideremos um caso como o de *retribution* em inglês. Como **retribute* não é uma forma livre no léxico do inglês, não temos condições ideais de aplicabilidade para a RAE correspondente à regra de adição de *-ion*. Entretanto, o léxico vai nos fornecer algumas condições de aplicabilidade para essa RAE, apesar de **retribute* não ser um item lexical do inglês.

Em primeiro lugar, a sequência fônica /retribute/ ocorre com significado idêntico em *retributive*. Além disso, existe um paradigma lexical relacionando formas X*ion* a formas X*ive* em inglês. Assim, a recorrência da sequência /retribute/ não é meramente casual: ela é reforçada por uma relação sistemática que une formas X*ion* a formas X*ive* no léxico do inglês. Essa relação paradigmática é, por sua vez, reforçada por sua inclusão numa relação paradigmática mais ampla, abrangendo X (verbo), X*ion* (nome) e X*ive* (adjetivo). Assim, já temos condições primárias para a detecção morfológica da base *retribute-* na construção *retribution*. Os dados em (12) reforçam essas condições:

(12) | **Verbo** | **Nome** | **Adjetivo** |
|---|---|---|
| contribute | contribution | contributive |
| distribute | distribution | distributive |
| attribute | attribution | attributive |
| | retribution | retributive |

Isto é, não só nós temos a recorrência da base numa relação paradigmática definida dentro do léxico; mais do que isso, temos a recorrência do núcleo da base em grupos de formas em que não há lacunas paradigmáticas. Assim, o léxico, nesse caso, fornece condições bastante claras para a isolabilidade da base e, portanto, para a aplicabilidade da RAE correspondente à regra de adição de *-ion*.

Consideremos, agora, casos como *condição*, *aversão* etc., que Jackendoff trata através de regras análogas a (7) e (10). Jackendoff admite que essas e muitas outras palavras são analisadas por regras de redundância de uma maneira uniforme, isto é, essas palavras seriam analisadas da mesma maneira que *retribution*. Neste trabalho não faremos a mesma afirmação. Conforme foi enfatizado, a aplicabilidade de uma RAE depende das condições que temos para isolar os elementos morfológicos envolvidos na construção. No caso de *retribution*, vimos que o léxico fornece essas condições, apesar do fato de **retribute* não ser um item lexical do inglês.

Mas em casos como *condição*, *aversão* etc. a situação é diferente. A base não ocorre em nenhuma outra formação, de modo que não há nenhum meio para o falante estabelecer correspondências fonético-semânticas e inserir a forma em alguma relação paradigmática dentro do léxico. Os únicos elementos que temos são a sequência fônica /são/ e a categoria lexical de nome; isto é, não temos condições de isolabilidade por parte da base, embora tenhamos algumas condições de isolabilidade por parte do sufixo.

Todavia, temos que considerar indivisos todos os itens em questão, porquanto o que está sendo discutido é justamente se a base pode ser isolada do sufixo da maneira descrita pela regra (7). Se o falante identifica a sequência fônica /são/ de uma forma X*ção* com o sufixo -*ção* especificado pela regra (7), o reconhecimento da base é, naturalmente, uma consequência automática. Mas nossa discussão está centrada na questão de se o léxico fornece ou não condições para tal identificação.

No caso de *retribution*, vimos que essas condições existem. No caso de *condição*, *aversão* etc., essas condições não existem. Assim, não temos evidência para motivar a afirmação de que o falante pode analisar sistematicamente essas últimas por meio da aplicação da regra (7). Se o falante pode ou não analisar, por exemplo, *condição* como em (13),

(13)　[[condit]$_{(V)}$ ção]$_N$

é uma mera questão de opinião. A abordagem aqui apresentada prevê que falantes terão intuições vagas e/ou contraditórias acerca da composição morfológica dessas palavras.

Um outro fator que pode ser relevante na decisão de considerar uma regra de análise estrutural aplicável ou não a uma dada forma é o conjunto de traços contextuais da forma em questão. Por exemplo, formas X*ção* se caracterizam por serem usadas como nominalizações de verbos e, assim, ocorrem em tipos específicos de estruturas sintáticas, com interpretações relativamente sistemáticas. Portanto, se uma construção X*ção* tem ocorrência exclusiva em contextos sintáticos definidos, com interpretações restritas correspondentes a esses contextos sintáticos, esse fato seria relevante para determinar a possível aplicabilidade de (7) à forma X*ção*. Infelizmente, entretanto, também esse critério é falho, pois não só um número enorme de formas X*ção* apresenta extensões de sentido e uso, mas também formas morfologicamente simples podem ocorrer em estruturas sintáticas em que formas nominalizadas de verbos ocorrem de modo sistemático. Logo, a composição morfológica de formas como *condição*, *aversão* etc. permanece opaca.

No que concerne especificamente a palavras da forma X*ção*, podemos pensar numa outra alternativa. Consideremos os dados em (14):

(14)   noção   nação
        ficção   aviação
        seção   ablução
        superstição   asserção
        inspeção   menção

Há um grande número de palavras como essas em inglês e português. Todas elas têm em comum a terminação -*ção*, o traço categorial +N e um sentido mais ou menos abstrato. Algumas delas apresentam bases que recorrem com sufixos reconhecíveis:

(15)   aviação   aviador
        asserção   assertivo
        nação   nativo
        inspeção   inspetor

Assim, não é implausível formular a hipótese de que essas palavras formariam um conjunto separado de formas, cuja estrutura interna seria expressa por uma regra como (16):

(16)   [Xção]$_N$

Observe-se que (16) é formalmente diferente de (7): não há especificação categorial de X. (16) expressaria a generalização de que falantes do português reconhecem formas X*ção* como nomes relativamente abstratos; mas (16) não afirmaria que esses nomes são relacionados a verbos, tampouco afirmaria que o sufixo -*ção* pode formar palavras novas no português partindo de radicais cuja origem não se pode determinar.

Não pretendemos afirmar aqui que (16) existe no português. Estamos apenas sugerindo a possibilidade de sua existência e deixaremos a questão em aberto. Caso (16) possa ser adequadamente motivada, palavras como *condição, asserção* etc. poderiam ser analisadas por (16). No entanto, palavras como *acepção, emoção, convulsão* etc. talvez pudessem ainda ser analisadas por (7), já que apresentam outras correlações no léxico[20].

Ainda que Basílio afirme que palavras como *condição* possam ser analisadas pela regra (16), essa palavra possui uma diferença importante em relação aos outros exemplos discutidos, que é o fato de em *condição*, segundo a própria autora, não haver condições para a isolabilidade das partes. Então, como afirmar que (16) pode ser uma análise possível para *condição*? Outro ponto fundamental vem na sequência: como analisar palavras como *emoção* a partir da regra (7)? Como afirmar que a base *emo(t)-*, que é isolável e ocorre em *emoção* e *emotivo*, é verbal? Se o que se afirma é que *emo(t)-* é verbal porque existe no léxico o verbo "emocionar", temos uma estranha situação em que a base de um nome que deriva um verbo (pois a terminação nominal -*ção*, na forma -*cion*, está dentro da palavra *emocionar*) é, de alguma forma, o próprio verbo que deriva a base. Aqui Basílio não se detém, porque é a conclusão da seção, mas essas questões mereceriam uma discussão mais aprofundada, dado o caráter um tanto especulativo também dessas nossas observações aqui.

3.2.2 Aplicabilidade e aplicação

Nas seções anteriores, afirmamos que todas as regras produtivas de formação de palavras têm contrapartes de análise estrutural, e a aplicabilidade

---

20. O uso do "talvez" é deliberado. Casos como *retribution* e o famoso *aggression* são bastante claros, assim como, no extremo oposto, *condição* etc. Mas a maioria dos casos se situa entre os dois extremos, e a obtenção de evidência que nos possibilite determinar o grau de aplicabilidade de RAEs opacas a itens lexicais específicos não é tarefa fácil. Nesta seção estamos apenas afirmando que o grau de aplicabilidade de RAEs decorre da maior ou menor possibilidade que temos de isolar a base e/ou o sufixo. Pesquisas posteriores possivelmente nos permitirão atingir uma precisão maior. Alguns fatores a serem estudados seriam (a) a possibilidade ou não de aceitação/entendimento de construções formadas com bases presas e sufixos produtivos, já que a impossibilidade de desmembramento sugeriria que a forma não poderia ser interpretada como sendo morfologicamente complexa; (b) a identidade fonológica da raiz ou do sufixo, que tendem a facilitar o reconhecimento de formas, mesmo na ausência de outros fatores; (c) possíveis condições sintáticas; e assim por diante.

dessas contrapartes a formas específicas da língua dependia de uma relação bicondicional entre a (não) opacidade da regra de análise estrutural e as condições de isolabilidade da base. Assim, se a contraparte da análise estrutural de uma RFP é transparente (como no caso da adição de -*ness* em inglês), o falante pode aplicar a RAE a quaisquer formas pertinentes. Mas, se a contraparte de análise estrutural de uma RFP não é transparente (como no caso da adição de -*ção*), então a aplicabilidade da RAE depende das condições de isolabilidade da base. Essas condições dependem, por sua vez, das várias relações que se podem obter entre a forma em questão e outras formações dentro do léxico.

A noção de aplicabilidade das RAEs fornece uma restrição para o estabelecimento de redundância no léxico, já que pressupõe que as condições de isolabilidade da base são necessárias para o estabelecimento de redundâncias entre palavras. Assim, por exemplo, vimos que dois tipos diferentes de palavras terminadas em -*ção*, cujas bases não são itens lexicais primitivos, não são necessariamente relacionadas pela mesma RAE.

De fato, *emoção* pode ser analisada por (7), já que a base é isolável por ter relação com *emotivo*, e ambos os sufixos indicam base verbal; mas *condição* tem de ser analisada por (16):

(7) [[X]$_V$ ção]$_N$
(16) [Xção]$_N$

Essa proposta leva em conta construções cujas bases não são itens lexicais da língua, e o faz sem utilizar mecanismos *ad hoc* como regras de truncamento, itens lexicais hipotéticos ou traços do tipo [-inserção lexical]. De fato, os dados que motivaram tais mecanismos são descritos na presente proposta por regras gerais, que se seguem inevitavelmente da existência de regras produtivas de formação de palavras.

É importante ressaltar, no entanto, que a aplicabilidade das RAEs não deve ser confundida com a aplicação das RAEs. A noção de aplicabilidade de RAEs pertence à competência que o falante tem de analisar a estrutura das palavras em sua língua e estabelecer relações entre grupos de palavras. Assim, quando dizemos que um falante pode analisar *retribution* por meio da regra de análise estrutural correspondente à adição de -*ion*, estamos afirmando que a competência do falante no léxico de sua língua inclui sua habilidade de reconhecer tanto *retribute*- quanto -*ion* como componentes morfológicos numa construção como *retribution*.

Em suma, RAEs do tipo (3) expressam a competência do falante de analisar formas XY como tendo a estrutura [[X]$_A$ Y]$_B$. E a noção de aplicabilidade de RAEs especifica a competência que o falante tem de distinguir formas não estruturadas /XY/ de formas que têm uma Por exemplo, *porção*. estrutura morfológica [[X]$_A$ Y]$_B$; ou distinguir formas com Por exemplo, *destruição*. a estrutura [XY]$_B$ de formas com a estrutura [[X]$_A$ Y]$_B$; e Por exemplo, *nação*. assim por diante. Mas a questão de saber se um falante específico, numa situação específica, aplica ou não uma RAE específica a uma forma específica é uma questão pertinente ao nível do desempenho, estando, portanto, fora do espaço do presente trabalho.

3.3 REGRAS "ISOLADAS" DE ANÁLISE ESTRUTURAL

Além das contrapartes de análise estrutural das RFPs produtivas, podemos também ter no léxico RAEs isoladas, isto é, RAEs que não são relacionadas a RFPs. Essas regras têm a forma a seguir:

(17) [[X]$_{(A)}$ Y]$_B$

onde A e B são traços categoriais.

A hipótese de que há RAEs que não são contrapartes de RFPs segue-se naturalmente da noção de aplicabilidade de regras de redundância. Essa noção prediz que, para uma RAE se aplicar a uma palavra, o falante deve ter condições para isolar os elementos morfológicos envolvidos na construção. No caso das contrapartes de análise estrutural das RFPs produtivas, a existência de RAEs está fora de qualquer dúvida, mas sua aplicabilidade a formas específicas varia de acordo com vários fatores. No caso de RAEs isoladas, temos que examinar os dados lexicais pertinentes na língua a fim de verificar se os falantes podem ter condições para isolar os elementos morfológicos em construções. Se os falantes têm essas condições, então RAEs devem ser postuladas na língua para determinar a análise dessas construções, independentemente da questão de saber se os elementos morfológicos envolvidos podem ou não formar palavras novas dentro da língua.

O estabelecimento de RAEs é necessário para que possamos solucionar os casos em que os falantes podem analisar a estrutura interna de palavras formadas por elementos morfológicos improdutivos[21]. Mas o estabelecimento de RAEs isoladas não se limita apenas a cumprir um requisito de adequação descritiva. Mais do que isso, a postulação dessas regras nos permitirá fazer previsões concernentes à produtividade de sufixos, conforme demonstraremos a seguir.

A fim de ilustrar essa proposta com dados concretos, estudaremos agora dois exemplos do português. No primeiro, as condições de isolabilidade são bastante claras, mas ainda assim podemos prever que a RAE pertinente permanecerá improdutiva. No segundo, as condições de isolabilidade são igualmente claras, mas poderíamos dizer que se trata de um caso de produtividade marginal.

Consideremos estes dados:

(18)
Adjetivo	Nome
grato	gratidão
manso	mansidão
escuro	escuridão
vermelho	vermelhidão
imenso	imensidão
podre	podridão
escravo	escravidão
servo	servidão
reto	retidão
vasto	vastidão
exato	exatidão
rouco	rouquidão
etc.	

---

21. Por exemplo, pares como *delirar/delírio, assassinar/assassínio, dispender/dispêndio* etc.; *amplo/amplitude, alto/altitude, pleno/plenitude* etc.; e assim por diante. Em tais casos o falante facilmente reconhece a estruturação das formas, mas não podemos afirmar que os sufixos são produtivos.

Em (18) a correspondência entre os adjetivos e os nomes é sistemática: as formas em *-idão* são nomes abstratos que correspondem aos adjetivos na primeira coluna. Assim, os falantes de português podem facilmente reconhecer a correspondência que existe entre os membros de cada par.

A razão pela qual os falantes de português podem relacionar com facilidade os pares em (18) é clara: as formas em *-idão* são baseadas em palavras que ocorrem como formas livres na língua, bem como em palavras de uma categoria lexical definida; as construções resultantes igualmente ocorrem como formas livres na língua e também têm uma categoria lexical definida; a correspondência fonético-sintático-semântica entre os membros de cada par é transparente. Além disso, os pares em (18) estão incluídos numa relação lexical geral em português, a relação Adjetivo/Nome Abstrato. Temos perfeitas condições de isolabilidade das bases, já que essas são palavras (formas livres) da língua; e temos condições perfeitas para o estabelecimento das relações, já que as correspondências são transparentes. Essas condições são reforçadas pelo fato de que o conjunto está inserido num paradigma lexical geral, ou seja, a relação Adjetivo/Nome Abstrato.

É preciso dizer que essa mesma relação também é expressa por outros sufixos, como *belo > beleza*; *honesto > honestidade*; etc.

A relação que temos entre os pares em (18) motiva o estabelecimento de uma RAE como (19):

(19)   [[X]$_{Adj}$ idão]$_{N}$

É importante observar que as características da base são de importância crucial nesse caso, tanto quanto a relação lexical geral Adjetivo/Nome Abstrato. O número de palavras em *-idão* em português é relativamente restrito. Se não tivéssemos condições perfeitas de isolabilidade da base e correspondências transparentes, os falantes poderiam não ter condições para estabelecer as relações com facilidade.

Consideremos, nesse sentido, as palavras em (20):

(20)   multidão   (de *multi* 'muito')
       certidão   (de *certo*)

Em ambos os casos a base é recorrente na língua: *certo* é um adjetivo comum, uma forma livre; e *multi-* ocorre em várias formações, em que seu sentido é facilmente depreensível:

(21) multifacetado
multidimensional
multimilionário
multiforme
multicor
etc.

O problema que acontece com as palavras em (20) é que elas apresentam extensões de sentido, de modo que as correspondências não são transparentes. Consideremos, por exemplo, o caso de *multidão*. O falante tem condições de reconhecer a base *multi-*, se admitirmos que ele conhece (21).

Entretanto, o fato de que a palavra tem o significado específico de "ajuntamento de pessoas em grande proporção", somado ao fato de que nesse caso não obtemos a relação Adjetivo/Nome Abstrato, já que *multi-* é uma forma presa (sem categoria dada morfologicamente), torna a análise de *multidão* através de (19) um tanto difícil, apesar do fato de que *multidão* pode ser entendida como a contraparte nominal de *muito* em alguns contextos.

Quanto a *certidão*, não apenas esta palavra tomou o sentido específico de "certificado", mas também o nome abstrato correspondente ao adjetivo *certo* é *certeza*, na relação paradigmática Adjetivo/Nome Abstrato. Assim, embora a base possa ser reconhecida, *certidão* não é analisada por (19). Nossa hipótese prevê que os falantes que conhecem a palavra *certo*, mas não as palavras *certidão* e *certeza*, interpretarão *certidão* como "nome abstrato correspondente ao adjetivo *certo*".

A inclusão de pares X/X*idão* na relação paradigmática geral Adjetivo/Nome Abstrato é um fator crucial para o estabelecimento e a aplicabilidade da RAE (19). Mas é interessante observar que esse mesmo fator impede (19) de ser produtiva.

É natural supor e fácil verificar que sempre que temos uma relação paradigmática geral tal como a de Adjetivo/Nome Abstrato, se temos a operação de sufixos altamente produtivos para criar palavras novas, a produção de palavras com outros sufixos é bloqueada. Portanto, sempre que sufixos altamente produtivos forem disponíveis, os falantes não farão uso de sufixos que ocorrem num número restrito de formações. Assim, numa situação bem definida como a da relação Adjetivo/Nome Abstrato, podemos prever que a RAE correspondente ao sufixo *-idão* nunca se tornará uma RFP, dada a existência de sufixos como *-idade*, *-ia*, *-ismo* etc.

Passaremos agora a apresentar um caso diferente, em que uma RAE se aplica a dados que não pertencem a um paradigma geral de nível categorial. Consideremos os dados em (22):

(22)
Nome	Adjetivo
nariz	narigudo
barriga	barrigudo
cabelo	cabeludo
pelo	peludo
barba	barbudo
bigode	bigodudo
osso	ossudo
peito	peitudo
bico	bicudo
queixo	queixudo

Há uma correspondência tripla fonético-sintático-semântica relacionando os pares em (22). Formas X*udo* são adjetivos (isto é, formas livres com uma categoria lexical maior definida) que se relacionam sistematicamente a nomes concretos (isto é, a base de uma formação X*udo* é uma forma livre de categoria lexical definida). Além disso, *-udo* não é apenas um marcador sintático: qualquer formação X*udo* tem a interpretação específica como "tendo muito X", em que X é um substantivo, sobretudo um substantivo que denota uma parte do corpo. Assim, no caso das formações X*udo* não há o mínimo problema em estabelecermos condições de isolabilidade da base e do sufixo.

Por razões sobretudo de ordem cultural, o sentido do sufixo desenvolve uma conotação pejorativa para os adjetivos em -*udo* na maior parte dos casos, por causa da natureza da base[22]. Assim, apenas uns poucos adjetivos deixam de ter uma conotação pejorativa:

(23) **Nome**   **Adjetivo**
     carne   carnudo
     espádua   espadaúdo

Há, entretanto, um pequeno grupo de formas X*udo* no qual a base é um nome sem a mesma especificação do campo semântico, como vemos em (24):

(24) **Nome**   **Adjetivo**
     classe   classudo
     bojo   bojudo
     polpa   polpudo
     peito (coragem)   peitudo

Em (24) a transparência das correspondências é mantida, mas o sentido pejorativo é variável.

Falantes de português analisam a estrutura interna de formações X*udo* através de uma regra como (25):

(25) $[\,[\,X\,]_N\,udo\,]_{Adj}$

---

22. O sentido "grande" em referência a partes do corpo implica "maior do que o normal" e, por extensão, "maior do que deveria ser".

Adjetivos X*udo* são característicos da fala coloquial. Com exceção do item *espadaúdo*, nenhum desses adjetivos é concebível na língua escrita formal.

Em nossa gramática e na de muitos falantes, -*udo* é improdutivo. Entretanto, é provável que uma regra como (26) exista na gramática de alguns falantes:

(26) [X]$_N$ → [[X]$_N$ udo]$_{Adj}$

já que formas recentemente criadas, como as seguintes, podem ser ouvidas:

(27) | **Nome** | **Adjetivo** |
|---|---|
| bossa | bossudo |
| bunda | bundudo |
| cadeiras | cadeirudo |

Palavras desse tipo só podem ser usadas na linguagem coloquial; geralmente têm um sentido pejorativo[23]. Sua ocorrência mostra que alguns falantes têm uma regra como (26); e o fato de que elas são facilmente interpretáveis por qualquer falante suporta a existência de (25).

A comparação entre palavras X*idão* e palavras X*udo* é interessante. Nas palavras X*idão*, a relação entre os pares foi reforçada pela relação lexical geral Adjetivo/Nome Abstrato. Essa relação, entretanto, bloqueia a formação de formas novas X*idão*, por causa dos sufixos produtivos concorrentes

---

23. Não há dúvida de que a produtividade dos sufixos varia dependendo de fatores sociais. Por outro lado, certos sufixos podem ser produtivos na fala mas não na escrita. Por exemplo, -*ice* é altamente produtivo na fala coloquial (cf. *caduquice, cafonice, lélézice* etc.), mas improdutivo na escrita formal. Entretanto, não podemos dizer que a improdutividade de -*udo* para muitos falantes se deve a um tabu linguístico, como os dados em (27) poderiam sugerir. Formas teoricamente possíveis como **testudo, *dedudo, *costudo, *pernudo, *pezudo* etc. são inaceitáveis. É preciso dizer que o passar dos anos pode ter tido um efeito sobre essas formas, tornando-as aceitáveis – muitas delas já dicionarizadas!

para essa função, de modo que -*idão* está fadado a ser improdutivo. Nas palavras X*udo* nós não temos a mesma situação: a relação Nome/Adjetivo é comum, mas não podemos dizer que se espera que todos os nomes tenham adjetivos correspondentes. Assim, as bases possíveis para formações de adjetivos não são incluídas num padrão rígido.

Por outro lado, adjetivos podem ser formados na base de diferentes classes de nomes, tanto do ponto de vista semântico como do ponto de vista morfológico, e os sufixos formadores de adjetivos podem ser usados para indicar significados específicos, em adição à sua função de caracterização sintática.

Como vimos, formações X*udo* são geralmente baseadas em nomes que designam partes do corpo e, em consequência do sentido da base e do sentido específico de -*udo*, formações X*udo* desenvolveram uma conotação pejorativa na maior parte dos casos. Não há nenhum sufixo concorrente nessa situação definida e restrita, de modo que novas formações em -*udo* não são necessariamente bloqueadas. Assim, é possível que (25) esteja no processo de passagem de uma mera regra de análise estrutural para uma regra produtiva de formação de palavras.

Essa observação de Basílio está de pleno acordo com a percepção corrente de que certas formações presentes na nota poderiam vir a ser possíveis – e de fato são mesmo: *pernudo* ou *pezudo* estão dicionarizadas, e *bocuda* já entrou definitivamente no léxico do PB.

Em vista do que foi exposto, podemos detectar com clareza a razão pela qual os modelos anteriores não apresentavam maior interesse para uma teoria da produtividade lexical: se centramos nossa atenção apenas em regras produtivas, ou simplesmente damos conta de todas as relações morfológicas por meio de regras de redundância, não podemos formular a questão mais crucial em morfologia derivacional, ou seja, o que faz uma regra ser produtiva ou, inversamente, o que impede uma regra de ser produtiva.

Em nossa proposta, o pressuposto de que RAEs são separadas das RFPs e a noção "aplicabilidade das regras de redundância" nos levaram a formular hipóteses que entram diretamente na questão da produtividade das regras: nessa abordagem, é possível estabelecer algumas condições sob as quais a produtividade das regras é bloqueada. Assim, a noção que foi proposta para dar conta de dados morfológicos sincrônicos se mostra altamente frutífera para o estudo da evolução de sistemas morfológicos.

3.4 PARADIGMAS DERIVACIONAIS E A MORFOLOGIA BASEADA EM PALAVRAS

Da proposta que vimos apresentando neste capítulo decorre que palavras cujas bases não são formas livres numa língua podem ter sua estrutura interna analisada por RAEs. De acordo com essa proposta, a aplicabilidade de RAEs a formas específicas não nos força a afirmar que as respectivas bases são formas livres na língua. Assim, os dados que motivaram o estabelecimento de regras de truncamento no modelo de Aronoff não têm que ser considerados palavras produzidas por RFPs, mas meramente palavras analisadas pelas contrapartes de análise estrutural das RFPs envolvidas.

Já que, assumindo a existência de RAEs, as regras de truncamento se tornam desnecessárias, devemos nos perguntar se deve ser mantida a tese de Aronoff, segundo a qual regras produtivas de formação de palavras operam exclusivamente em palavras já existentes como formas livres no léxico. A resposta a essa questão é negativa, conforme demonstrará o estudo a seguir.

Nesta seção estudaremos relações entre adjetivos de formação X*ico* e nomes de formação X*ia* em português e mostraremos que há regras produtivas que podem operar diretamente sobre radicais presos, isto é, radicais que não são itens lexicais existentes como formas livres dentro da língua.

Os dados em (28) mostram que a regra de adição de -*ico* pode formar adjetivos a partir de nomes:

(28)
Nome	Adjetivo	
bíblia	bíblico	
persa	pérsico	
celta	céltico	
símbolo	simbólico	
tipo	típico	
cena	cênico	
Xema	Xêmico	Como *sistema – sistêmico.*
Xata	Xático	Como *diplomata – diplomático.*

O que é interessante em formações Xico em português é o grande número de pares como os de (29), em que a base não é uma palavra que ocorra livremente na língua. Nesses pares, as palavras à esquerda são formadas pela adição do sufixo formador de nomes -*ia* a um radical preso:

(29)

Nome	Adjetivo	
teoria	teórico	
epidemia	epidêmico	
euforia	eufórico	
economia	econômico	
nostalgia	nostálgico	
afasia	afásico	
histeria	histérico	
sincronia	sincrônico	
melancolia	melancólico	
melodia	melódico	
Xlogia	Xlógico	Como *ecologia* > *ecológico*.
Xgrafia	Xgráfico	Como *holografia* > *holográfico*.

Nos pares em (29) não há forma livre correspondente à base. Entretanto, novos pares do mesmo tipo podem ser formados na língua. A produtividade de -*ico* num radical preso é particularmente clara em radicais como X*log*-, X*graf*- etc.

A fim de afirmar que formas X*ico* podem ter sua geração direta na base de radicais presos, devemos primeiro mostrar que outras análises para esses dados são inadequadas. De modo mais particular, devemos mostrar que palavras X*ico* não podem ser derivadas fonologicamente de palavras X*ia* de nenhuma maneira razoável.

O principal motivo pelo qual não podemos derivar palavras X*ico* de palavras X*ia* fonologicamente é o fato de ser obrigatório que todas as formas X*ico* sejam acentuadas na antepenúltima vogal, enquanto todas as palavras

X*ia* são acentuadas na penúltima vogal. Assim, se derivássemos palavras X*ico* de bases X*ia*, teríamos que formular uma regra *ad hoc* para dar conta do fato de que todos os adjetivos X*ico* são proparoxítonos.

Além disso, se fôssemos adotar essa solução, teríamos que desistir da generalização de que sufixos que formam nomes abstratos de adjetivos são sufixos terminais enquanto derivacionais, isto é, formas construídas com esses sufixos não podem servir de base para outras formações derivacionais subsequentes.

Portanto, temos que admitir que palavras X*ico* e X*ia* são baseadas em radicais presos. Até este ponto, entretanto, não nos vemos diante de maiores problemas; ainda podemos dizer que os dados em (29) são simplesmente analisados pelas contrapartes estruturais das regras de adição de -*ia* e -*ico*, respectivamente.

Consideremos, agora, os dados em (30), que sugerem uma segunda alternativa de análise:

(30)
Agentivo	**Adjetivo**	**Nome Abstrato**
acrobata	acrobático	acrobacia
burocrata	burocrático	burocracia
profeta	profético	profecia
Xlogo	Xlógico	Xlogia
Xgrafo	Xgráfico	Xgrafia

Em (30), os nomes na primeira coluna são agentivos. Uma nova relação paradigmática pode ser observada, ou seja, a de Agentivo/Adjetivo/Nome Abstrato. Essa relação atinge o máximo de clareza em palavras do tipo X*graf-* e X*log-*, como podemos ver em (31):

(31)	**Agentivo**	**Adjetivo**	**Nome Abstrato**
cenógrafo	cenográfico	cenografia
geógrafo	geográfico	geografia
tipógrafo	tipográfico	tipografia
fotógrafo	fotográfico	fotografia
?paleógrafo	paleográfico	paleografia
psicógrafo	psicográfico	psicografia
psicólogo	psicológico	psicologia
filólogo	filológico	filologia
geólogo	geológico	geologia
lexicólogo	lexicológico	lexicologia
antropólogo	antropológico	antropologia
sociólogo	sociológico	sociologia
?fenomenólogo	fenomenológico	fenomenologia
?fonólogo	fonológico	fonologia
??morfólogo	morfológico	morfologia
?futurólogo	futurológico	futurologia
?ornitólogo	ornitológico	ornitologia
?etimólogo	etimológico	etimologia
?patólogo	patológico	patologia

É possível que haja um tanto de variação aqui, dado que *fonólogo* se firmou como o agentivo de quem trabalha com fonologia.

Vale a mesma observação para *morfólogo*.

Essa forma de fato é degradada para muitos falantes.

Com base em (30) e (31), poderíamos dizer que palavras X*ico* e X*ia* são baseadas nas formas agentivas, mas essa análise não dá conta dos casos em que os agentivos são precedidos por um ponto de interrogação, que indica seu *status* marginal na língua.

Os agentivos precedidos por um ponto de interrogação em (31) não são palavras comuns no português. Em alguns casos, podem ser usados em linguagem técnica estrita; às vezes representam formações esporádicas. De qualquer maneira, não se trata de palavras bem estabelecidas dentro da língua. Assim, em relação a esses casos, não podemos dizer que as formas correspondentes X*ia* e X*ico* são baseadas na forma do agentivo.

Um fator importante quando consideramos a marginalidade desses agentivos é o fato de que agentivos relacionados a especialidades costumam ser formados em português por uma regra diferente: a regra de adição de -*ista*. Com exceção das palavras já estabelecidas na língua, as formações em -*ista* dominam totalmente. Vejamos, por exemplo, os dados em (32):

(32)
Nome	Agentivo	Agentivo
sociologia	sociólogo	??sociologista
antropologia	antropólogo	??antropologista
psicologia	psicólogo	??psicologista
filologia	filólogo	??filologista
geologia	geólogo	??geologista
fenomenologia	?fenomenólogo	fenomenologista
fonologia	??fonólogo	?fonologista
morfologia	??morfólogo	?morfologista
ornitologia	?ornitólogo	ornitologista
futurologia	?futurólogo	futurologista
lexicologia	?lexicólogo	lexicologista
meteorologia	??meteorólogo	meteorologista

Com respeito a algumas dessas variantes para agentivos, os dialetos e registros do PB podem diferir em preferências. P. ex., entre linguistas, parece haver preferência por *fonólogo* e *morfólogo* em relação às suas alternativas.

A situação em (32) é facilmente explicada se levarmos em conta o papel de fatores paradigmáticos nos fenômenos de formação de palavras. Por um lado, o sufixo -*ista* é altamente produtivo na formação de agentivos, na base de nomes abstratos; por outro lado, conforme vimos em (29) e (30), temos condições paradigmáticas para a formação do agentivo na base do radical. Os dados relevantes são resumidos em (33):

A ideia de que há um paradigma com diferentes células que podem ser preenchidas apenas com um elemento está por trás da noção de bloqueio. Assim, como a célula, digamos, "agentivo associado" já está preenchida por uma forma, não existe a possibilidade de alguma outra forma ocorrer disputando a mesma interpretação.

(33)

Nome abstrato	Adjetivo	Agentivo
sociologia	sociológico	sociólogo
geologia	geológico	geólogo
antropologia	antropológico	antropólogo
filologia	filológico	filólogo
psicologia	psicológico	psicólogo
fotografia	fotográfico	fotógrafo
tipografia	tipográfico	tipógrafo
geografia	geográfico	geógrafo
coreografia	coreográfico	coreógrafo
filosofia	filosófico	filósofo
agronomia	agronômico	agrônomo
astronomia	astronômico	astrônomo

Admitindo o conhecimento de (33), o falante pode, sem dificuldade, extrair a base e construir formações tais como as da coluna do meio em (32). Na suposição de que essas palavras são formações baseadas na recuperação do radical – e não vemos outra maneira de dar conta delas –, então temos que supor que adjetivos em *-ico* e nomes em *-ia* podem ser formados diretamente sobre radicais presos.

De resto, observe-se que todas as palavras em (32) têm adjetivos correspondentes em *-ico*. Se as formações regressivas não existissem, a única maneira de explicar esses adjetivos em *-ico* seria, mais uma vez, admitir que eles podem ser formados diretamente sobre radicais.

Em suma, a maior parte dos adjetivos X*ico* e nomes X*ia* em português não pode ser descrita adequadamente, a menos que admitamos que regras de formação de palavras podem operar em radicais que não são formas livres da língua.

Uma objeção poderia ser levantada neste ponto, ou seja, a de que essas formações X*ia* constituem construções artificiais, e não criações naturais, dentro da língua. Não negamos que isso aconteça na maior parte dos casos, embora não em todos. Entretanto, pouco importa se as formações X*ia* são artificiais ou não: de qualquer maneira, dada a relação paradigmática X*ia*/X*ico*, os falantes formam novos adjetivos em *-ico* na base do radical de qualquer formação nova X*ia*. Assim, somos forçados a concluir que as regras de formação de palavras podem operar sobre radicais presos.

Na época em que Basílio escreve seu trabalho não havia a ideia de fazer experimentos para testar esse tipo de hipótese. Hoje, no entanto, essa teoria poderia perfeitamente ser testada com um experimento com logatomas (formas linguísticas inventadas que respeitam as propriedades fonológicas da língua investigada), por exemplo.

3.5 SISTEMAS DERIVACIONAIS E SISTEMAS FLEXIONAIS

Uma das maiores diferenças entre flexão e derivação é que na flexão as regras são plenamente produtivas – assim como na sintaxe sentencial –, enquanto na derivação as regras são caracteristicamente semiprodutivas. Os paradigmas flexionais são nítidos, fechados, de fato sistemáticos, e não há a mínima dificuldade na recuperação de radicais flexionais dos dados, mesmo quando eles não ocorrem como formas livres[24]. Assim, paradigmas flexionais baseados em radicais presos são comuns em muitas línguas, e o que chamamos de "palavra" nesses casos se refere, morfologicamente, ao radical comum subjacente a todas as formas flexionadas.

Assim, podemos usar uma abordagem baseada em radicais presos na morfologia flexional sem incorrer nos problemas apontados no capítulo 2. Dependendo das características de cada sistema flexional, ou a aborda-

---

24. Naturalmente, podemos encontrar muitas irregularidades em sistemas flexionais, mas esses casos específicos não interferem no reconhecimento dos padrões gerais. Ao contrário, o nivelamento paradigmático de formas irregulares é muito comum na história das línguas – considere-se, por exemplo, a substituição de formas irregulares de particípio passado no português e no inglês. Entretanto, quando algum verbo específico é irregular, o reconhecimento do radical básico é mais difícil. Por exemplo, formações deverbais em *-vel* são bloqueadas em verbos com anomalias no radical por causa da opacidade do radical verbal.

A formação adjetival em *-vel* faz certas exigências sintáticas (como ter um objeto direto de um certo tipo). O ponto relevante, no entanto, sobre o qual Basílio chama a atenção é que há verbos transitivos diretos mas com alomorfia de radical que têm dificuldade para aceitar *-vel*, como no par *fazer* > **fazível*. Basílio (c.p.) lembra de *ter* e *pôr* e seus compostos, claramente resistentes a essas formações (??*retenível*/*retível ou ?*oponível*/*opovel), com a notável exceção *disponível*, talvez um empréstimo com origem em *disponibilis*, do latim medieval.

gem baseada em palavras ou a abordagem baseada em radicais será a mais adequada. Nossa proposta, entretanto, será igualmente adequada para elucidar quaisquer sistemas flexionais, sejam quais forem de suas características próprias.

Em sistemas flexionais, as regras são caracteristicamente produtivas, de modo que as relações paradigmáticas são bem definidas; assim, tanto a estrutura da palavra quanto a formação da palavra são automáticas. Na morfologia derivacional, ao contrário, as regras são caracteristicamente semiprodutivas e, como consequência, os paradigmas são apenas semissistemáticos. Tendo consciência dessa diferença básica, podemos explicar por que regras de formação de palavras operam sobretudo em palavras já existentes como formas livres dentro da língua: formas livres sempre têm, em sua essência, condições perfeitas de isolabilidade. Do mesmo modo, podemos explicar por que formações flexionais baseadas em radicais presos não são raras: os paradigmas flexionais fornecem condições perfeitas de isolabilidade para os radicais presos, de modo que deixa de ser relevante a questão de a base de uma forma flexionada ser uma forma livre ou não.

Pelo que foi dito, devemos esperar que formações novas baseadas em radicais presos sejam raras na morfologia derivacional, já que essas só podem surgir em casos em que se obtêm relações lexicais com alto grau de sistematicidade. Isso é o que acontece com os dados estudados em 3.4. No capítulo 4 voltaremos a esse ponto e formularemos com mais precisão uma restrição para a operação de RFPs sobre radicais presos.

> Uma outra característica que distingue morfologia derivacional de flexional é o fato de que a morfologia derivacional não aceita fusões (ou acumulação de informações), enquanto a flexional aceita. Assim, enquanto na palavra *nacionalizou* a parte da morfologia que trata da formação do radical *nacionaliz-* não mistura as informações dos morfemas que caracterizam as classes intermediárias da formação do radical num único morfema (*-ion* – nome; *-al* – adjetivo; *-iz* – verbo), o morfema final *-ou* combina diversos tipos de informação (que podem estar separados em outras formas verbais): de tempo, de modo, de aspecto e de concordância. Isso faz com que, algumas vezes, haja uma espécie de fusão da própria raiz do verbo com as informações flexionais, e temos alomorfia do radical. É o caso da forma *sei*, por exemplo, que reúne a raiz do verbo *saber* radicalmente modificado no contexto da primeira pessoa do singular do presente do indicativo. Formas supletivas em paradigmas verbais, como as formas flexionadas *vai* e *foi* do verbo *ir*, ilustram o mesmo tipo de dificuldade. Esses casos mostram que nem sempre as condições de isolabilidade são boas na morfologia flexional – de fato, esses casos são muito piores em termos de isolabilidade do que qualquer situação dentro da morfologia derivacional.

3.6 SUMÁRIO DE PROPOSTAS

Sumarizando, neste capítulo propusemos as fundações para uma teoria morfológica em que:

a) todas as regras de produção de palavras apresentam, automaticamente, contrapartes de análise estrutural;

b) além das contrapartes de análise estrutural das regras produtivas de formação de palavras, há regras de análise estrutural que captam a estrutura de palavras morfologicamente complexas dentro da língua;

c) a aplicabilidade de qualquer regra de análise estrutural a uma dada forma depende das condições de isolabilidade dos elementos envolvidos na construção em questão, entre as quais o papel das relações paradigmáticas é crucial;

> Dito de outro modo, a regra só vai poder ser enunciada se for possível isolar as partes, como radicais e sufixos, e uma maneira de se identificarem as partes é olhar para os paradigmas de nome, adjetivo, agentivo etc. Da mesma forma que é possível depreender o radical verbal do paradigma, em alguns casos, em que não existe uma forma livre correspondente para uma derivação, depreende-se qual é a forma presa de base a partir de um "paradigma" derivacional.

d) novas palavras são formadas sobretudo de palavras já existentes, mas podem também ser formadas diretamente de radicais presos;

e) a possibilidade de formação de novas palavras diretamente com base em radicais presos e a criação de formações regressivas estão relacionadas ao nível de transparência das regras e sistematicidade dos paradigmas envolvidos;

f) finalmente, os mesmos processos estão envolvidos tanto na morfologia flexional quanto na morfologia derivacional, sendo a principal diferença entre as duas o fato de que as regras flexionais são tipicamente produtivas e as regras derivacionais são tipicamente semiprodutivas.

O fenômeno da nominalização em português

4.1 INTRODUÇÃO

No capítulo precedente demonstramos que a consideração de diferentes tipos de relações paradigmáticas no léxico é fundamental para o conhecimento de uma série de fenômenos relativos à competência lexical, tais como a aplicabilidade de RAEs, a determinação da produtividade de regras e a possibilidade de operação de regras produtivas sobre radicais presos.

Neste capítulo estudaremos o fenômeno da nominalização na base de dados morfológicos, sintáticos e semânticos do português e demonstraremos que a nominalização, como processo derivacional, é determinada por uma relação paradigmática geral entre verbos e nomes na língua. Será rejeitado aqui, portanto, o sentido intuitivo e tradicional do termo "nominalização", que implica ser o nome derivado do verbo. Nossa proposta afirma que o fenômeno da nominalização consiste numa relação paradigmática geral entre verbos e nomes no léxico.

Como já mencionado anteriormente, Basílio usa o termo "nominalização" para se referir não a uma operação ou regra específica que parte de uma base verbal e gera um nome, mas a variados tipos de relações morfológicas entre verbos e nomes. Ainda que existam conjuntos de formas nominais que possam ser adequadamente descritas como resultantes de regras de formação de palavras com essa direcionalidade – do verbo para o nome –, as relações morfológicas entre verbos e nomes no léxico não se resumem às desse tipo. Veremos, por exemplo, que, para Basílio, no par *beijo/beijar* a direção da derivação é invertida em relação ao que normalmente se assume quando se fala de nominalizações: o nome está na base, não o verbo. As razões para essa posição são apresentadas mais adiante.

No artigo "Remarks on nominalization" (Chomsky, 1970), Chomsky defende que as nominalizações não sejam mais tratadas como resultantes de transformações sobre sentenças. Lembremos que, em abordagens influentes anteriores à publicação do artigo de Chomsky (p. ex., Chomsky, 1965; Lees, 1960), defendia-se que uma estrutura frasal semelhante a "os bárbaros destruíram Roma" poderia ser, a partir de um conjunto de operações sintáticas chamadas de transformações, convertida no sintagma nominal complexo *a destruição de Roma pelos bárbaros*. Vimos que Chomsky (1970) mostra os vários problemas dessa posição e propõe a chamada hipótese lexicalista, supondo que uma raiz como a do verbo *destruir* e do nome *destruição* seria categorialmente ambígua, assumindo uma forma específica (p. ex., o acréscimo de um sufixo) a depender do contexto sintático em que ocorre – se verbal ou nominal. O fato de a estrutura frasal compartilhar com o sintagma nominal complexo os mesmos argumentos (*os bárbaros* e *Roma*) se deve a essa entrada lexicalmente ambígua selecionar tais participantes, seja qual for a categoria que manifestará em determinado contexto sintático. O outro trabalho mencionado, de Jackendoff (1975), propõe, como vimos no capítulo 2, que as entradas lexicais são plenamente especificadas e são relacionadas por regras de redundância. Ou seja: para Jackendoff, não existe, de fato, algo como uma base verbal e uma regra de formação de palavras que gera uma forma nominal a partir dessa base, mas duas entradas independentes no léxico (uma verbal e uma nominal) que compartilham propriedades (informação redundante). Por isso, como escreve Basílio, a relação entre tais entradas é representada por uma seta bidirecional, não por uma seta que aponta para o nome partindo do verbo.

A rejeição da ideia de que os verbos são básicos nas nominalizações não é nova. Assim, por exemplo, a proposta de Chomsky para tratamento de nominalizações através de entradas lexicais neutras e o uso de setas bidirecionais nas regras de redundância lexical de Jackendoff pressupõem neutralidade direcional. Entretanto, nesses dois trabalhos ainda existe uma concepção subjacente de que o verbo é básico em nominalizações. Assim, Chomsky sempre se refere a regras morfológicas que fornecem formas fonéticas para entradas lexicais, quando estas ocorrem como nomes; os exemplos de Jackendoff incluem apenas relações entre verbos e nomes deverbais. Por outro lado, nesses trabalhos não são abordadas questões relativas à formação de palavras novas, em que a questão de direcionalidade se apresenta de uma maneira mais complexa.

Neste trabalho afirmaremos, seguindo Jackendoff, que as correspondências de traços sintáticos e semânticos em pares N/V devem ser consideradas distintas do processo morfológico da formação de nomes deverbais; afirmaremos, por outro lado, que a direcionalidade do processo morfológico é irrelevante no fenômeno da nominalização. Assim, o termo "nominalização" deverá cobrir não apenas nomes deverbais, mas também nomes morfologicamente básicos associados a verbos. Mais especificamente, a nominalização consiste num processo de associação lexical sistemática entre nomes e verbos.

Há duas diferenças básicas entre nominalizações e outros processos de formação de palavras, ambas reconhecidas previamente na literatura: (a) em nominalizações, os traços contextuais da base podem determinar os traços contextuais da forma nominalizada; e (b) em nominalizações, o significado da forma nominalizada não depende do sufixo que é responsável por sua forma fonológica.

Em nossa proposta, assim como nas propostas de Chomsky e Jackendoff, os sufixos nominalizadores não têm significado: são meros marcadores sintáticos. A diferença essencial entre a proposta que ora apresentamos e as propostas anteriores consiste no fato de que estamos considerando o fenômeno da nominalização uma associação paradigmática entre verbos e nomes, derivada de um padrão lexical geral, em vez de considerá-la um mero processo de formação de nomes a partir de verbos ou uma associação idiossincrásica, apresentada por determinadas entradas lexicais.

Neste momento, é necessário chamar a atenção para o uso do termo "significado" neste capítulo. Distinguiremos dois níveis de significado em nominalizações. Um primeiro nível, a que nos referiremos como "significado lexical", ou apenas "significado", relaciona-se ao que se conhece tradicionalmente no estruturalismo como "significado extralinguístico". Nesse sentido, toda e qualquer forma nominalizada tem relação semântica com o verbo correspondente, já que nome e verbo partilham, ao menos em parte, um significado lexical. Formas nominalizadas podem, é verdade,

Há possíveis contraexemplos para essa afirmação. Há um uso recente do sufixo *-ção* que indica alguma espécie de coletivo ou iteração de eventos. Se compararmos as duas formas nominais associadas ao verbo *beijar*, *beijo* e *beijação*, notamos duas coisas: a primeira é que a existência de uma não exclui a existência da outra do léxico; a segunda é que, enquanto a primeira denota um evento singular de beijar, a segunda denota um coletivo, como na frase: *foi uma beijação danada entre os adolescentes daquela festa*. Nessa frase o nome *beijo* não seria licenciado: ??*foi um beijo danado entre os adolescentes daquela festa*. E esse significado é bastante regular e indiscutivelmente associado ao sufixo, como vemos em *varreção* (vários eventos de varrer), *cantação* (várias ações de cantar), *molhação* (vários eventos de molhar) e assim por diante. De qualquer modo, no sentido mais restrito de "sufixo nominalizador", aquele que está num padrão relacional específico V-N, foco do trabalho de Basílio, não há dúvida de que a afirmação da autora se sustenta.

Quando Basílio afirma que pensa no fenômeno da nominalização como "uma associação paradigmática entre verbos e nomes", quer dizer que compreende a relação entre verbos e nomes nos termos de um conjunto de células de um paradigma, de modo que, existindo uma célula verbal, existirá uma nominal. Assim como os verbos (com exceção de alguns poucos, chamados de defectivos) apresentam todas as formas em um paradigma de flexão, a uma forma verbal corresponderá uma forma nominal morfologicamente associada, mesmo que essa forma não seja de fato derivada do verbo por meio de algum processo derivacional. Desse modo, a relação paradigmática precede os modos morfológicos específicos por meio dos quais esses pares se relacionam.

desenvolver significados posteriores; estes podem ser adições e/ou modificações do significado lexical básico, comum ao verbo e ao nome, ou então podem não ter relação alguma com o significado primário da forma básica. Um exemplo do primeiro caso seria *declaração*, no sentido especificado de "documento oficial escrito em que se declara alguma coisa"; um exemplo do segundo caso seria *impressão*, no sentido de "noção vaga". Casos em que formas nominalizadas, ou quaisquer outras formas, apresentam um significado diferente, mas relacionado ao sentido básico do radical, costumam ser conhecidos como "extensões de sentido". Algumas dessas extensões são parcialmente generalizadas, enquanto outras são totalmente idiossincrásicas. Assim, por exemplo, o significado "coletivo" em formas nominalizadas, tais como *administração*, *direção* etc., constitui uma extensão generalizada, enquanto em casos como *declaração*, no sentido de "declaração de amor", temos uma extensão idiossincrática.

O segundo nível a ser considerado é o do significado sintático. Nomes podem ser interpretados num sentido nominal ou num sentido verbal, dependendo do contexto de ocorrência. Utilizaremos os termos "interpretação", "leitura" ou "sentido" em referência a esse nível de significado. Assim, por exemplo, na seção 4.2 os termos *fuga*, *luta* e *almoço* em (3c), (4c) e (5c), respectivamente, se relacionam aos verbos correspondentes em termos de significado lexical; e em (3b), (4b) e (5b) os mesmos termos apresentam uma interpretação verbal.

Este capítulo é organizado da seguinte maneira. Na primeira seção, faremos um estudo de pares N/V em português e mostraremos que, num grande número de casos, formas que seriam consideradas nominalizadas, no sentido tradicional do termo, devem ser consideradas morfologicamente básicas. Na segunda seção, faremos uma breve descrição dos mais importantes processos morfológicos de formação de nomes deverbais e mostraremos que estes podem apresentar interpretação nominal. Na seção seguinte, examinaremos dados numéricos que resultam de uma análise de amostragem de verbos do português e mostraremos que a questão de saber se um nome é morfologicamente básico ou morfologicamente derivado de um verbo é irrelevante em relação às possíveis interpretações desse nome. Com base nos resultados da análise, descreveremos um padrão derivacional, que especifica a relação entre verbos e nomes no léxico. Demonstraremos, enfim, que esse padrão derivacional geral fornece uma distinção em nível explanatório entre nominalizações e outros processos de formação de palavras.

4.2 RELAÇÕES N/V EM PORTUGUÊS: NOMES MORFOLOGICAMENTE BÁSICOS

Nesta seção estudaremos pares como os seguintes em português:

(1) | **Verbo** | **Nome** |
| --- | --- |
| lutar | luta |
| vender | venda |
| comprar | compra |
| fugir | fuga |
| tocar | toque |
| abandonar | abandono |
| escolher | escolha |
| almoçar | almoço |
| etc. | |

Em português, pares N/V como os de (1) são muito comuns. Numa amostragem de cerca de 460 verbos escolhidos aleatoriamente, verificamos a ocorrência de 118 pares N/V do tipo exemplificado em (1).

Supondo (2),

(2) Uma entrada lexical tem uma composição morfológica única

pelos motivos expostos no capítulo 2, os membros de cada par em (1) pertencem a entradas lexicais separadas, já que a última vogal no verbo pode ser diferente da última vogal do nome.

Por exemplo, no par *fuga/fugir*, temos *-a* como vogal temática no primeiro item do par e *-i* como vogal temática no segundo item. Por terem vogais temáticas distintas, têm composições morfológicas distintas e são, por (2), entradas lexicais distintas no léxico. Ao que parece, Basílio tem em mente a comparação entre a forma nominal final (raiz mais vogal temática) e o tema verbal (raiz mais vogal temática), excluindo a marca flexional de infinitivo do verbo *fugir*.

Surge, portanto, a questão da direcionalidade do processo, já que não é evidente, à primeira vista, se o verbo ou, ao contrário, o nome deve ser considerado básico.

Em casos como esses, não podemos nos basear em fatores sintático-semânticos para tomar uma decisão de análise, porque um grande número de nomes nesses pares pode ter tanto uma interpretação verbal como uma interpretação nominal, dependendo do contexto. Consideremos os seguintes exemplos[25]:

Em literatura mais recente, essa diferença é capturada, pelo menos em parte, pela expressão "leitura eventiva", para o que Basílio chama de sentido verbal, e "leitura de resultado", para o que Basílio chama de sentido nominal (p. ex., Grimshaw, 1990). As leituras eventivas (sentido verbal) normalmente exigem que a grade de argumentos esteja completa na forma nominal (com seu complemento, quando houver) e costumam ser licenciadas em frases com verbos que indiquem duração ou acontecimento, além de advérbios que auxiliem nesses sentidos, como em a *fuga de João durou nove horas* ou *a luta de Pedro com João ocorreu pela manhã*. Já nas leituras de resultado (algo próximo do que Basílio chama de "sentido nominal"), em geral os nomes não têm argumentos e podem ocorrer nas frases com uma gama mais variada de verbos, como em *uma luta entre João e Pedro não vai trazer nenhum benefício para ninguém*. Nos exemplos dados por Basílio em (3b) e (4b), a interpretação é de evento causador do estado de preocupação em todos. Nos exemplos em (3c) e (4c), os nomes *fuga* e *luta* não são eventos, mas um tipo de entidade abstrata, em algumas situações com uma clara interpretação de resultado de um evento. Note-se que, tomando isoladamente a frase em (3b), poderíamos substituir *a fuga de João*, complemento do verbo *preparar*, por uma entidade concreta criada, como em *Pedro preparou o bolo de João*, sem que houvesse problemas entre esse novo complemento, uma entidade do mundo e não um evento, e o verbo que o precede. A frase em (5c) deixa isso ainda mais claro, quando se identificam, através da cópula, o almoço e aquilo que é servido, um conjunto de entidades do mundo.

(3) a. João fugiu
b. A fuga de João preocupou a todos (sentido verbal)
c. Pedro preparou a fuga de João (sentido nominal)

(4) a. João lutou com Pedro
b. A luta de Pedro com João preocupou a todos (sentido verbal)
c. O diretor agendou a luta de Pedro com João para quarta-feira (sentido nominal)

(5) a. Paulo almoçou
b. O almoço de Paulo foi às 11 horas (sentido verbal)
c. O almoço de Paulo foi bife com fritas (sentido nominal)

Está evidenciado em (3)-(5) que, na base de fatores sintático-semânticos, não podemos dizer que os nomes constantes de pares como os de (1) são necessariamente derivados de verbos.

---

25. O fato de que alguns dos exemplos podem apresentar mais de uma interpretação é irrelevante ao ponto em discussão.

Entretanto, conforme demonstraremos a seguir, existe evidência morfológica para afirmarmos que em pares como os de (1) o verbo é derivado do nome.

A correspondência de vogais que podemos encontrar nesses pares é especificada em (6):

(6) | **Nome** | **Verbo** |
|---|---|
| a | a |
| a | e |
| a | i |
| e | a |
| o | a |

De acordo com a regra fonológica geral (7),

(7) $V \rightarrow \emptyset / - + V$

as mudanças de vogais podem ser descritas numa direção ou noutra, de um ponto de vista fonológico. Isto é, podemos ter ou o conjunto (8a) ou o conjunto (8b):

(8) a.
		b.		
Va+a	Na		Na+a	Va
Va+e	Ne		Na+e	Ve
Va+o	No		Na+i	Vi
Ve+a	Na		No+a	Va
Vi+a	Na		Ne+a	Va

em que V é o radical do verbo e N é o radical do nome.

Se fôssemos levar em conta apenas os dados em (1), não haveria jeito de decidir de maneira não arbitrária se o nome ou o verbo é básico. Teríamos então que estabelecer as seguintes regras para explicar os pares em (1):

O argumento é morfológico, não semântico: como quase todos os verbos derivados têm vogal temática -a (a não ser que o próprio morfema verbalizador utilizado exija outras vogais temáticas, como é o caso do morfema -ec-, que encontramos em *amanhecer* ou *envelhecer*), então é natural pensar que a mesma coisa esteja acontecendo com esses pares, cujos verbos apresentam, massivamente, a vogal temática -a. Ou seja, podemos prever qual é a vogal temática do verbo se assumirmos que o verbo é derivado do nome, mas não vamos conseguir, como os dados deixam claro, prever a vogal temática do nome a partir do verbo associado. Contrariando análises tradicionais que supõem que o verbo está na base e acontece uma derivação regressiva que tem como resultado o nome, o argumento aqui apresentado nos leva à conclusão de que o item de base é o nome, que em si já denota um evento ou resultado associado a um evento, e o verbo é derivado dele. Dentro da tradição gerativista mais recente, seguindo Hale e Keyser (1993), vários autores apresentam argumentos distintos a favor de que pelo menos alguns dos verbos apresentados na lista de Basílio sejam de fato denominais, ainda que num sentido um pouco diverso. Adotando a ideia de que o léxico possui uma sintaxe interna, verbos como *cantar*, *gritar*, *tossir*, entre muitos outros, seriam a combinação sintática, dentro do léxico, de um verbo leve, com mínima contribuição semântica, e os nomes associados como complementos desses verbos leves. Para os exemplos mencionados, os nomes associados seriam *canto*, *grito* e *tosse*, e seriam complementos na tal "sintaxe lexical" porque, de fato, tais verbos, que são tipicamente intransitivos, permitem a colocação de objetos cognatos, como em *o coral cantou um belo canto (gregoriano)*, *os competidores gritaram seu grito de guerra* e *Maria está tossindo uma tosse encatarrada*. Um tipo de incorporação do nome complemento ao verbo leve acontece dentro do léxico, por meio de uma operação sintática chamada de movimento de núcleo, e forma-se assim o verbo que será usado na estrutura sintática da frase. Tal análise tem pontos de contato com a proposta de Basílio, uma vez que todo o conteúdo lexical do verbo seria definido pelo nome, que estaria, de fato, na base do verbo. Ou seja, é uma análise que também contrariaria a visão na qual os nomes são derivados, não básicos.

(9) $[\ X\ ]_V \rightarrow [\ [\ X\ ]_V \quad e]_N$
$\qquad\qquad\qquad\qquad\qquad\quad a$
$\qquad\qquad\qquad\qquad\qquad\quad o$

(10) $[\ X\ ]_N \rightarrow [\ [\ X\ ]_N \quad a]_V$
$\qquad\qquad\qquad\qquad\qquad\quad e$
$\qquad\qquad\qquad\qquad\qquad\quad i$

o que é obviamente indesejável: há não somente duas regras, mas também regras que não têm nenhum poder preditivo; e, consequência mais grave ainda, para cada item lexical não podemos dizer qual das regras foi aplicada.

Entretanto, o exame de outros pares na amostragem fornece uma direção inequívoca para o processo morfológico envolvido em pares como os de (1). De fato, na amostragem de 118 pares N/V do tipo (1), verificou-se que apenas quatro nomes, relacionados em (11), têm forma verbal correspondente terminando numa vogal diferente de *a*.

(11)
Nome	Verbo
venda	vender
escolha	escolher
fuga	fugir
perda	perder

Se reformularmos (10), conforme especificado em (12),

(12) $[\ X\ ]_N \rightarrow [\ [\ X\ ]_N \quad a]_V$

podemos suprimir as regras (9) e (10) e generalizar (12) para cobrir todos os casos, exceto os de (11), que seriam interpretados por meio de regras de análise estrutural.

A regra (12) dá conta de mais de 95% dos casos. Mais do que isso, (12) afirma corretamente que verbos novos não podem ser formados em português por meio da adição de *-e* ou *-i*.

Se, entretanto, mantivéssemos (9) e suprimíssemos (10), não poderíamos fazer nenhuma generalização. Entre os pares da amostragem, 43 consistem em um verbo terminado em *-a* e um nome terminado em *-a*; 50 consistem em um verbo terminado em *-a* e um nome terminado em *-o*; e 12 consistem em um verbo terminado em *-a* e um nome terminado em *-e*. Em outras palavras, dado um nome X terminado na vogal Y, podemos prever que sua contraparte verbal terminará em *-a*, conforme sugerido na regra (12); entretanto, dado um verbo terminado em *-a*, não podemos prever a vogal final do nome correspondente. Esses fatos nos forçam a rejeitar (9) em favor de (10), conforme reformulado em (12).

Como no par *comprar – compra*.
Como no par *redobrar – redobro*.
Como no par *tocar – toque*.

Evidência adicional para a adequação de (12) é fornecida por dados como os de (13), em que o nome termina em consoante ou semivogal:

(13)
Nome	Verbo
matiz	matizar
pedal	pedalar
origem	originar
valor	valorar
condição	condicionar
função	funcionar

Duas coisas devem ser ditas sobre os itens de (13). A primeira é que, ao contrário dos exemplos anteriores, os supostos nomes de base não denotam eventos ou estados associados aos verbos. O fato de os nomes em (11) denotarem os mesmos eventos veiculados pelos verbos derivados leva a tradição gramatical a encarar a existência de tais nomes como decorrência de derivação regressiva a partir do verbo. Esse tipo de raciocínio não poderia ser adotado para a análise dos pares em (13), pois os nomes não denotam eventos ou resultados de eventos. A segunda é que dois dos nomes da lista têm a terminação *-ção*, que permanece, ainda que levemente modificada (na forma *-cion*, por não mais estar no final da palavra) no verbo derivado. Falamos dos verbos condi<u>cion</u>ar e fun<u>cion</u>ar. Ou seja, existe uma terminação nominal explícita dentro do verbo derivado que não pode ser desconsiderada na análise, mesmo que não seja possível identificar palavras das quais *função* e *condição* sejam derivadas por uma eventual sufixação com *-ção*. Independentemente de toda a discussão já empreendida, esses fatos podem servir como argumento adicional para assumir-se que o nome estaria na base do verbo nos exemplos em (13).

A relação entre nome e verbo em pares como os de (13) é naturalmente descrita por (12): o sufixo -a é adicionado à consoante da base. Mas, se fôssemos adotar (9), teríamos ou que adicionar uma regra de outro tipo, ou seja, uma regra de supressão, ou então teríamos que tratar esses casos como casos de formação regressiva. A segunda hipótese é mais plausível do que a primeira, mas ainda assim não faz sentido tratar (13) em termos de formação regressiva, porque o falante não teria mais motivos para derivar, por exemplo, *matiz* de *matizar*, do que derivar *matizo*, *matiza* ou *matize*. Além disso, o número de nomes terminados em vogal é muito maior do que o número de nomes terminados em consoantes em português, o que é natural, já que o tipo silábico CV é mais básico; e o número de nomes XVC em pares N/V é insignificante em relação ao número de nomes XV nesses pares.

Precisamos, portanto, concluir que (12) representa a descrição mais adequada da relação apresentada nos pares de (1) e que, consequentemente, nesses pares o nome é morfologicamente básico.

4.3 RELAÇÕES N/V EM PORTUGUÊS: NOMES DEVERBAIS

Os dados parecem indicar que há mais camadas morfológicas no interior de formas nominais com -*da* e -*nc(i)a*: respectivamente, o particípio passado do verbo e a forma adjetiva ou nominal em -*nte*. Nas formas nominais em -*da*, a vogal temática antes do suposto sufixo nominal é a mesma que o particípio passado do verbo apresenta, com o mesmo tipo de mudança, quando ela acontece. Por exemplo, verbos de segunda conjugação têm uma mudança na vogal temática, de -*e*- para -*i*-, quando estão no particípio. Assim, temos *descer*, *descido* e o nome deverbal *descida* em *a descida do morro é perigosa*. Ademais, quando o verbo só apresenta a forma irregular do particípio passado, a forma nominal derivada quase sempre a inclui, como em *ela combinou a vinda da mãe para o mês que vem* ou *ele deu uma vista de olhos na sala*. No caso dos nomes em -*nc(i)a*, a derivação a partir dos nomes e adjetivos em -*nte* pode ser inferida, mais uma vez, pela mudança da vogal temática do verbo de base: se o verbo tiver a vogal temática -*i*-, esta, quase sempre, mudará para -*e*- no contexto do sufixo -*nte*, como vemos em *influir* e *influente*. E a mesma vogal modificada permanece em *influência*. Além disso, o sufixo -*ia* ocorre em nomes derivados, como *alegria*, *delegacia*, *porcaria*, *democracia* etc.

Na seção anterior vimos que, em pares como os de (1), o nome deve ser considerado morfologicamente básico. Aqui faremos um breve comentário sobre pares constituídos por verbos e nomes deverbais.

Nomes deverbais são formados em português sobretudo pelas seguintes regras:

(14)   a. $[\ X\ ]_V \rightarrow [\ [\ X\ ]_V$ ção $]_N$
       b. $[\ X\ ]_V \rightarrow [\ [\ X\ ]_V$ mento $]_N$
       c. $[\ X\ ]_V \rightarrow [\ [\ X\ ]_V$ da $]_N$
       d. $[\ X\ ]_V \rightarrow [\ [\ X\ ]_V$ nc(i)a $]_N$
       e. $[\ X\ ]_V \rightarrow [\ [\ X\ ]_V$ agem $]_N$

Alguns exemplos são:

(15)   **Verbo**   **Nome**
    a.   contemplar   a.   contemplação
         declarar   declaração
         racionalizar   racionalização
    b.   nascer   b.   nascimento
         envelhecer   envelhecimento
         casar   casamento
    c.   sair   c.   saída
         vir   vinda
    d.   preferir   d.   preferência
         sobreviver   sobrevivência
    e.   lavar   e.   lavagem
         contar   contagem

No caso de nomes deverbais, a direção do processo morfológico é clara e não requer maiores discussões. Nomes deverbais, da mesma maneira que nomes morfologicamente básicos, podem ter uma interpretação nominal ou uma interpretação verbal, dependendo do contexto, conforme podemos observar nos seguintes exemplos:

(16)   a. A ferida inflamou
           b. A inflamação da ferida preocupou o médico (sentido verbal)
           c. A inflamação está doendo (sentido nominal)

(17)   a. O presidente encerrará o simpósio às 9 horas
           b. O encerramento do simpósio provocará acúmulo de serviço na secretaria (sentido verbal)
           c. Eu só chegarei no simpósio para o encerramento (sentido nominal)

Vemos, portanto, que tanto nomes morfologicamente básicos quanto nomes deverbais podem apresentar não só uma interpretação nominal como também uma interpretação verbal. As várias interpretações de formas nominalizadas foram devidamente enfatizadas na literatura, por constituírem um problema crucial para a hipótese transformacionalista. Assim, o fato de que formas nominalizadas de verbos podem apresentar várias extensões de significado não constitui novidade alguma.

> Quando Basílio fala de hipótese transformacionalista, refere-se a algo que já mencionamos antes: a ideia de que determinados tipos de nominalizações seriam derivadas por uma série de transformações sintáticas a partir de uma sentença de base. Veja-se a segunda nota a este capítulo, algumas páginas antes.

Entretanto, em geral esses casos são considerados totalmente idiossincrásicos na literatura. Portanto, é importante ressaltar que o fato de formas nominalizadas de verbos poderem ser entendidas ora como nomes, ora como verbos não deve de maneira alguma ser considerado exceção ou idiossincrasia de alguns verbos. Entre os 305 nomes deverbais de nossa amostragem, cerca de 50% podem ter tanto uma interpretação nominal quanto uma interpretação verbal, dependendo do contexto. Os outros 50% incluem tanto nomes deverbais que só podem ser interpretados como verbos quanto nomes deverbais que só podem ser interpretados como nomes.

> Como *obtenção* ou *permanência*.
> Como *pensamento* ou *pregação*.

4.4 NOMINALIZAÇÃO COMO UMA RELAÇÃO PARADIGMÁTICA

Nas duas últimas seções vimos que nomes deverbais, bem como nomes morfologicamente básicos, podem apresentar tanto uma interpretação nominal quanto uma interpretação verbal. Claro está, pois, que a noção "contraparte nominal de um verbo" deve ser distinta da noção de "nome deverbal".

Supondo essa distinção, neste momento faremos uma proposta de descrição do fenômeno da nominalização segundo a qual a nominalização deve ser considerada uma relação paradigmática entre verbos e nomes no léxico, distinta da e subjacente à formação de nomes a partir de verbos.

> Ou seja, verbos teriam pares nominais (quase) sempre, mas esses pares nominais não necessariamente são derivados dos verbos correspondentes; e aquilo que chamamos de nominalização não se restringiria aos processos derivacionais que tomam um verbo e derivam o nome a partir dele, mas a uma associação morfológica mais livre que pareia as duas classes no léxico. Assim, como vimos, incluem-se entre as nominalizações mesmo os pares nominais dos verbos que são de fato nomes de base para tais verbos, como vemos em *dança* e *dançar*, segundo a proposta defendida por M. Basílio neste trabalho.

As propostas a serem feitas nesta seção resultam, em sua maioria, da análise de uma amostragem de 460 verbos do português, tomados aleatoriamente (cf. Apêndice). Os números relevantes a que chegamos na análise são transcritos em (18):

(18)		verbos na amostragem	460
		verbos relacionados a um nome	423
		verbos sem contraparte nominal	37
grupo A:		pares N/V em que N é básico	118
		nomes interpretados apenas como nomes	55
		nomes interpretados apenas como verbos	4
		ambas as interpretações	59
grupo B:		pares N/V em que V é básico	305
		nomes interpretados apenas como nomes	82
		nomes interpretados apenas como verbos	56
		ambas as interpretações	167

Esses números mostram que cerca de 92% dos verbos estudados apresentam no léxico uma contraparte nominal, o que nos força a admitir que a relação entre a existência de um verbo no léxico e a existência de um nome a ele lexicalmente relacionado constitui um fenômeno diferente dos que costumamos encontrar em outros tipos de relacionamento lexical.

Além disso, na maior parte dos 37 casos em que o verbo não apresenta contraparte nominal, a ausência de um nome relacionado ao verbo pode ser atribuída a determinadas características de classes verbais. Assim, por exemplo, verbos que se usa apenas na linguagem coloquial via de regra não apresentam forma nominalizada, já que as construções em que uma formação nova seria necessária são características apenas da linguagem formal, sobretudo escrita. Portanto, é natural que verbos como *botar*, *enxergar* etc. não apresentem contraparte nominal.

Alguns desses verbos podem apresentar um neologismo nominal com -*ção* que designa iteração ou coletivo de evento (cf. comentário acima). Por exemplo, a expressão *botação de banca* designa um conjunto de eventos em que se age com arrogância.

Os verbos *ser* e *estar* são chamados tradicionalmente de verbos cópula. Um destes, o verbo *ser*, é também auxiliar da voz passiva, como em *a bola foi chutada pelo craque*. Outros verbos, como *ter* e *haver*, em *Pedro tinha/havia visto um disco voador*, são auxiliares envolvidos na forma (composta) perfeita dos verbos. Esses verbos não costumam ter uma forma nominal associada; quando esta existe, tem uma relação um tanto idiomática com o verbo mencionado. Por exemplo, nomes como *ente* ou *ser* em relação ao verbo *ser* ou *haveres* em relação ao verbo *haver*.

Como já mencionamos antes, o fenômeno do bloqueio é um tema muitíssimo discutido na literatura (cf. Aronoff, 1976; Kiparsky, 1982, 2005; Poser, 1992; Embick; Marantz, 2008, entre outros). Intuitivamente, o bloqueio pode ser caracterizado como um princípio geral seguido pelas línguas (seus léxicos) que garante que formas irregulares, que são mais específicas, bloqueiem formas regulares com o mesmo significado. Por exemplo, entre as formas flexionais dos verbos, uma forma irregular como *sei* bloqueia uma forma regular potencial como *sabo* para a primeira pessoa do singular do presente do indicativo do verbo *saber*, muito produzida por crianças em fase de aquisição. Mas a noção de bloqueio recebeu muitas formulações, não se restringindo à comparação entre formas flexionais reais ou potenciais de determinados itens. Algumas dessas formulações consideram somente a dimensão do significado: assim, uma forma como *thief* (ladrão, em inglês) bloqueia a existência de uma forma como *stealer* – *steal* (roubar) + *er* (formador de nomes agentivos) –, uma vez que seriam sinônimas, ainda que nem sequer sejam morfologicamente relacionadas. Alguns autores defendem até mesmo a comparação entre palavras e estruturas mais complexas com mais de uma palavra. Dessa forma, o princípio explicaria o bloqueio de *mais grande* por *maior* ou de *mais bom* por *melhor*. Teorias como a Morfologia Distribuída, no entanto, defendem que a inexistência de determinadas formas lexicais não seja explicada por alguma dessas noções de bloqueio comentadas, mas seja o resultado de um conjunto de princípios que interagem produzindo aquilo que só parece o bloqueio de uma forma sobre outra potencial. Apresentando a ideia de maneira bem simplificada, para a Morfologia Distribuída, a forma nominal *pensamento* não bloquearia a forma potencial *pensação*, mas, numa competição entre as formas *-ção* e *-mento* para realizar o morfema nominal no contexto do tema verbal de *pensar*, é a forma *-mento* que vence. Os critérios que guiam essa competição são apresentados por Embick e Marantz (2008) e Freitas (2015).

Do mesmo modo, verbos que são usados como cópula, verbos auxiliares e indicadores aspectuais não apresentam formas nominalizadas. Um terceiro fator relevante no caso é o fenômeno de bloqueio, conforme é definido por Aronoff: quando existe no léxico uma forma que exerce a função que uma forma nominalizada exerceria, a formação dessa nominalização é bloqueada. Logo, por exemplo, não há forma nominalizada correspondente a *querer*, já que existe no léxico a palavra *vontade*, que funciona como nominalização de *querer*, apesar da total ausência de relacionamento ao nível de redundância fonológica. O mesmo fenômeno acontece quando temos mais de um verbo com significado praticamente idêntico: em geral, uma única forma nominalizada é usada para ambos os verbos. É o que acontece, por exemplo, com *crença*, que corresponde tanto a *crer* quanto a *acreditar*.

Deixando de lado esses casos em que a ausência de um nome correspondente pode ser relacionada a fatores específicos, as exceções reais se reduzem a cerca de 3,5% dos verbos da amostragem. Esses dados evidenciam a existência de um padrão lexical geral em português, segundo o qual, dado qualquer verbo X no léxico, esse verbo normalmente deverá apresentar no léxico uma contraparte nominal X'. Esse padrão lexical geral pode ser expresso como em (19):

(19) $[\,X\,]_V \rightarrow [[\,X\,]_V \leftrightarrow [\,X'\,]_N\,]$

(19) diz que qualquer verbo deve ter um nome a ele associado no léxico. O uso da seta unidirecional é necessário porque a relação é unilateral: não se espera que todos os nomes tenham no léxico verbos associados a eles. O uso da seta bidirecional expressa o fato de que o nome associado ao verbo não é necessariamente um nome deverbal. Em outras palavras, (19) expressa a relação N/V, distinta do processo morfológico de formação de nomes deverbais.

Existe, portanto, segundo a regra (19), uma relação no léxico que estabelece que verbos sempre terão contrapartes nominais, sem que necessariamente a contraparte nominal seja um nome deverbal do ponto de vista morfológico. Como vimos, alguns verbos é que são derivados de nomes; não o inverso.

Se admitirmos (19), uma série de fatos relacionados a pares N/V no léxico poderão ser explicados. Em primeiro lugar, (19) explica por que temos muito mais nomes deverbais do que nomes morfologicamente básicos associados a verbos: nomes *podem* constituir a base para a formação de verbos, mas verbos *devem* ter uma contraparte nominal no léxico. Assim, sempre que um verbo não é denominal, devemos esperar que um nome deverbal será formado. Mas verbos denominais já apresentam uma contraparte nominal no léxico. Portanto, (19) também explica por que nomes deverbais formados com base em verbos denominais são extremamente raros: quando o verbo já tem uma contraparte nominal no léxico, não existe pressão para a formação de um nome deverbal. Ao contrário, assumindo a noção de bloqueio, devemos esperar que a maior parte dessas formações seja bloqueada.

Observe-se que (19) é o ponto crucial de diferença entre nominalizações e outros processos de formação de palavras: enquanto (19) prevê a formação de nomes deverbais quando o verbo não tem uma contraparte nominal já existente no léxico, outros processos de formação de palavras podem ou não ser usados na formação de palavras novas. De maneira mais específica, a formação de verbos denominais é totalmente imprevisível, enquanto a formação de nomes deverbais é previsível, dada a ocorrência de determinados fatores, conforme foi exposto.

A postulação de (19), entretanto, não substitui a formulação de regras que adicionam sufixos nominalizadores a verbos. Regras nominalizadoras devem ser descritas da mesma maneira que outras regras de formação de palavras e seus produtos apresentam o mesmo comportamento que os produtos de outras regras morfológicas, no sentido de que podem ser sujeitos à "deriva semântica" e podem servir como bases para formações derivacionais posteriores.

Desde que (19) prevê a criação de nomes deverbais sempre que um verbo não tem no léxico uma contraparte nominal, é natural que encontremos um número bem maior de palavras que têm apenas uma interpretação verbal entre formações deverbais do que entre nomes morfologicamente básicos. Mas o fato de encontrarmos um grande número de formações deverbais que têm apenas uma interpretação nominal também não é surpreendente, já que nomes deverbais não são imunes à deriva semântica.

Entretanto, o número de nomes deverbais que apresentam apenas um sentido nominal pode parecer grande demais à primeira vista. De fato, a deriva semântica não é o único fator envolvido nesse caso.

Nesse aspecto, consideremos, por exemplo, o caso dos verbos *dicendi*, tais como *declarar*, *afirmar*, *dizer* etc. Formações deverbais associadas a esses verbos correspondem, em geral, não apenas à ação verbal em si, mas também ao objeto do verbo. Em outras palavras, uma forma nominalizada como *declaração* em geral se refere não ao fato de que X declarou Y, mas ao que foi declarado. Nesse sentido,

---

Deriva semântica é a mudança de significado que ocorre fazendo com que muitos significados previsíveis para determinados itens se tornem mais restritos ou mesmo imprevisíveis. Basílio fala de casos em que nomes deverbais sofrem deriva semântica e perdem sua interpretação verbal. A palavra *caimento* seria um exemplo. Ela é claramente derivada do verbo *cair* através do sufixo nominalizador *-mento*, mas não tem interpretação verbal. Assim, podemos falar do *caimento* do telhado ou das roupas no meu corpo como uma propriedade ou do telhado ou da roupa, não como um evento específico em que o telhado cai ou a roupa cai no meu corpo. Frases como *o caimento da roupa no corpo da modelo aconteceu durante o desfile* são semanticamente inaceitáveis porque *caimento* perdeu seu significado verbal que, talvez, um dia já tenha tido.

O nome derivado *declaração* pode denotar tanto o evento de declarar alguma coisa, como na frase *a declaração do presidente sobre a reforma tributária ocorreu às 17h de ontem*, quanto aquilo que é declarado, como na frase *a declaração do presidente foi muito criticada pelos especialistas*. No primeiro caso, como já discutido, temos aquilo que Basílio chama de sentido verbal; no segundo caso, temos o sentido nominal. E o sentido nominal está associado ao complemento do verbo aqui: na frase *o presidente declarou que não acredita em reforma tributária e alguns especialistas criticaram tal declaração*, a palavra *declaração* na segunda oração coordenada remete de fato ao sentido da oração subordinada *não acredita em reforma tributária*, que é um complemento oracional do verbo *declarar*. Por extensão, o nome *declaração* também pode remeter a um objeto físico que contenha de forma escrita aquilo que foi declarado, como na frase *a declaração foi deixada em cima da mesa*. As nominalizações dos verbos *dicendi* costumeiramente assumem essas duas leituras.

nominalizações são interpretadas como nomes, e não como verbos, embora muitas delas possam também ser interpretadas num sentido verbal.

Consideremos também os chamados verbos de "mudança de estado" e suas contrapartes intransitivas. A maior parte desses verbos, sobretudo os que se referem a sentimentos e estados mentais, têm nominalizações que se referem diretamente ao resultado acabado do processo de mudança, não apresentando, portanto, interpretação verbal. Isso não é de surpreender: tais verbos se referem a processos em que alguém ou alguma coisa atinge ou faz com que alguém atinja um determinado estado. Em geral a nominalização se refere a esse estado, não ao processo em si mesmo. Alguns exemplos são listados a seguir:

(20) a. João afligiu Maria
b. Maria se afligiu
c. Maria ficou aflita
d. *A aflição de João a Maria
e. *A aflição de Maria por João
f. A aflição de Maria

(21) a. As lutas contínuas esgotaram Maria
b. Maria se esgotou
c. Maria ficou esgotada
d. *O esgotamento de Maria pelas lutas contínuas
e. O esgotamento de Maria

Os verbos de estado psicológico se distribuem em três tipos: aqueles em que os indivíduos que experimentam tais estados são sujeitos, como é o caso de *odiar* em *Maria odeia sorvete de morango*; aqueles em que os indivíduos que experimentam tais estados são objetos diretos, como o verbo *comover* em *aquele livro comoveu meu tio*; e aqueles em que os indivíduos que experimentam tais estados são objetos indiretos, como o verbo *agradar* em *a cerimônia agradou aos noivos* (pelo menos no dialeto padrão). Os exemplos oferecidos por Basílio são todos do segundo tipo, chamados na literatura de verbos do tipo "objeto-experienciador". Alguns autores (p. ex., Arad, 1998, entre outros) defendem que tais verbos (ou pelo menos sua maioria) são, com efeito, derivados de nomes. Ou seja, um verbo como *angustiar* seria derivado do nome *angústia*, assim como *atormentar* (que envolve uma prefixação típica de derivação denominal parassintética) seria derivado do nome *tormento*. Esses nomes de base remetem a estados atingidos pelos complementos dos verbos derivados, estados estes causados pelos sujeitos das sentenças que os contêm. Em outras palavras, o conteúdo propriamente lexical do verbo seria definido por um nome de estado, que é a forma nominal associada ao verbo e que é, ao mesmo tempo, a base de onde o verbo deriva; mas, além disso, o verbo codificaria um evento causador não específico que não pertence à forma nominal por conta, aqui, da direção da derivação (do nome para o verbo). Isso, de modo geral, explicaria por que as formas nominais de tais verbos não incluem uma interpretação verbal nos termos de Basílio. É claro que, quando olhamos para os dados, as coisas são mais complexas. Por exemplo, o verbo *esgotar* em (21) é resultante de derivação parassintética sobre o nome *gota*, mas *gota* não denota um estado (e parece ter perdido seu significado dentro do verbo), e o nome que denota um estado é, com efeito, um nome derivado do verbo, *esgotamento* – e, de fato, quando estamos no âmbito dos estados psicológicos, a palavra não denota processo, mas estado.

Nesses casos, o nome apresenta exclusivamente uma interpretação nominal. Dado que, entre os 305 verbos do grupo B, 54 são verbos de mudança de estado, o número de nomes deverbais entendidos apenas como nomes não é de maneira alguma surpreendente.

<small>Segundo (18), o total é de 82 nomes.</small>

Finalmente, se admitirmos (19), o fato de que um grande número de nomes morfologicamente básicos pode ter interpretações verbais também poderá ser explicado de maneira natural. Admitindo uma relação paradigmática entre nomes e verbos no léxico, e que em muitos pares N/V nessa relação paradigmática nomes deverbais podem ter tanto interpretações nominais quanto interpretações verbais, é de se esperar, dada a mesma relação N/V, que nomes morfologicamente básicos também tomem interpretações verbais. E o fato de que encontramos proporcionalmente o mesmo número de nomes interpretáveis como nomes ou como verbos entre os itens do grupo A e os itens do grupo B confirma essa expectativa.

Assim, a proposta que ora apresentamos é superior às propostas anteriores, no sentido de que confirma e explica o fato de que nomes morfologicamente básicos podem ter uma interpretação verbal, do mesmo modo que nomes deverbais podem ter ambas as interpretações.

Nossa hipótese também prevê que, dado o fenômeno da deriva semântica, a possibilidade de que formações deverbais recentes tenham uma interpretação nominal é proporcional à possibilidade de que nomes morfologicamente básicos relacionados a verbos denominais de formação recente tenham uma interpretação verbal, ressalvadas as interferências de fatores de outra natureza, dos quais já falamos antes.

No momento, (19) é a única generalização que podemos estabelecer com certeza a respeito de relações N/V no léxico. Vimos que tanto no grupo A quanto no grupo B em (18) apenas 50% dos casos os nomes podem ser interpretados ora como nomes, ora como verbos. Por outro lado, (18) mostra que somente em 60 pares os nomes têm interpretação exclusivamente verbal, enquanto em 137 pares os nomes têm interpretação exclusivamente nominal. Por-

<small>Dos quais 4 são do grupo A e 56 do grupo B.
Dos quais 55 pertencem ao grupo A e 82 ao grupo B.</small>

tanto, temos 363 pares em que o nome pode ser interpretado como nome e 286 pares em que o nome pode ser interpretado verbalmente. Esses números mostram que não podemos prever, dado um par N/V, se os nomes terão uma interpretação verbal ou não. Assim, regras do tipo (22),

(22)   [...N...] ↔ [...V...][26]

em que N e V representam "Nome" e "Verbo" e as linhas pontilhadas representam descrições de contextos sintáticos particulares, isto é, regras que especificam que um dado nome num contexto especificado pode ser interpretado como um verbo num contexto sintático correspondente, devem ser relacionadas a entradas lexicais específicas, possivelmente por meio de traços que indiquem a numeração das regras pertinentes[27].

É de se ressaltar, porém, que estudos posteriores de traços sintáticos e semânticos dos verbos envolvidos provavelmente nos levarão a uma especificação mais precisa das regras do tipo (22) e sua aplicabilidade, de acordo com as linhas gerais sugeridas por Aronoff para a determinação de condições morfológicas de aplicabilidade de RFPs a bases específicas[28].

---

26. Regras do tipo (22) seriam regras como as seguintes:
    (i) [Det N (de NP_1) de que S] ↔ [NP_1 V que S]
    (ii) [Det N de NP_1] ↔ [NP_1 V]
    etc.

27. Em outras palavras, temos no léxico nomes, verbos e a relação N/V. Uma vez que um nome deverbal é formado, ele passa a ser um nome no léxico e, como tal, está sujeito à deriva semântica. Uma vez que um verbo denominal é formado, uma relação N/V é estabelecida, e consequentemente o nome pode tomar uma interpretação verbal – não nos esqueçamos de que em 50% dos pares estudados o nome podia ser interpretado tanto nominal quanto verbalmente. Já que tais evoluções dependem de tempo, a chance que uma formação deverbal recente tem de apresentar uma interpretação nominal é proporcional à chance que um nome morfologicamente básico tem de apresentar uma interpretação verbal, quando relacionado no léxico a um verbo denominal. A ressalva final é feita porque alguns traços de itens lexicais podem bloquear mudanças de sentido ou facilitar outras.

28. Cf. 2.3.3. Da mesma maneira que a aplicabilidade de regras de formação de palavras depende das condições morfológicas da base, assim a aplicabilidade de regras do tipo (22) pode depender de traços sintáticos e semânticos dos itens lexicais em questão.

Na verdade, embora o estudo detalhado de todos os fatores sintáticos e semânticos envolvidos na aplicabilidade de regras do tipo (22) a classes de itens lexicais esteja fora do escopo do presente trabalho, podemos afirmar que tal estudo possibilitaria um considerável grau de generalização em tais regras, indicando fatores específicos relacionados à possibilidade ou não de aplicação de regras a várias classes de itens lexicais.

Essa afirmação decorre naturalmente de uma série de tendências gerais depreendidas na análise de nossa amostragem, muitas das quais foram mencionadas no decorrer deste capítulo. Entre essas tendências, podemos mencionar, por exemplo, a interpretação nominal das nominalizações de verbos *dicendi*, a interpretação nominal de verbos de mudança de estado, a ausência de interpretação verbal em nomes referentes a objetos concretos etc.

Sumarizando, propusemos neste capítulo que o fenômeno da nominalização consiste num padrão derivacional geral, expresso em (19): o estabelecimento de (19) explica um grande número de fenômenos relacionados à nominalização, fenômenos que eram tratados como idiossincrasias em propostas anteriores. Finalmente, sugerimos que as regras de correspondência sintático-semântica entre verbos e nomes poderão atingir um considerável nível de generalização, tão logo sejam efetuados estudos sobre a interação entre traços sintático-semânticos de classes de itens lexicais e a aplicabilidade de tais regras. No capítulo 6 retomaremos o tópico, abordando questões relativas à formalização da proposta e apresentando evidência adicional.

5

Entradas lexicais e traços categoriais

5.1 INTRODUÇÃO

Na literatura tradicional da hipótese transformacionalista, o termo "nominalização" abarca, é claro, a correspondência entre verbos e agentivos nominais. Em português, no entanto, um processo morfológico único – adição do sufixo *-dor* a bases verbais – forma agentivos que não são necessariamente substantivos e que não apresentam necessariamente uma interpretação verbal.

Surge, portanto, a questão de como analisar tal processo de formação, já que no desenvolvimento da teoria lexical (Aronoff, 1976) propõe-se que os produtos de RFPs devem apresentar uma especificação única quanto à categoria lexical maior.

É comum que se usem critérios distribucionais para justificar a afirmação de que uma determinada palavra funciona somente como adjetivo ou como nome e adjetivo. Por exemplo, formas nominais em *-dor* derivadas de certos tipos de verbos (particularmente de verbos psicológicos do tipo objeto-experienciador, como *aterrar* em *a cena aterrou os espectadores*) nunca ocorrem em contextos que licenciam apenas substantivos. Derivada de *aterrar*, a forma *aterrador* jamais ocorre em sentenças como argumento de verbo (sujeito ou objeto) nem como complemento de preposição. Um bom teste para garantir que uma forma se distribui só como adjetivo é colocá-la em "contextos fracos" (Borer; Roy, 2010): se é licenciada em tais contextos, é ou pode ser um substantivo; se não é licenciada, só pode ser adjetivo. Um exemplo de aplicação desse teste seria a frase degradada **aterradores foram transmitidos ao vivo na televisão*. Aqui mostra-se que *aterrador* não pode significar "evento aterrador". A palavra *cego*, que é um adjetivo (*Claudio é muito cego/ceguíssimo*, *Tenho um cachorro cego em casa*), também pode ser um substantivo segundo esse teste e nossas intuições, pois a frase *cegos entraram na sala após a reunião* é perfeitamente aceitável. Ou seja, *aterrador*, que tem o sufixo *-dor* e deriva de um verbo psicológico do tipo objeto-experienciador, não pode ser um substantivo, somente um adjetivo, e isso parece ser estritamente determinado pelo verbo de base: as formas em *-dor* derivadas dessa classe de verbos quase nunca são aceitáveis em posições argumentais, típicas de nomes.

Neste capítulo faremos um estudo dos agentivos em *-dor* em português e mostraremos que os dados do português nos forçam a abandonar a restrição proposta por Aronoff. Observaremos, ademais, que o abandono dessa restrição é necessário para a descrição de outros casos de redundância lexical em português e em inglês.

5.2 A RESTRIÇÃO CATEGORIAL E OS AGENTIVOS EM *-DOR*

No livro *Word Formation in Generative Grammar*, Aronoff (1976) propõe uma restrição para a formação de palavras, de acordo com a qual produtos de RFPs são especificados em relação a uma única categoria lexical maior. Nesta seção mostraremos que a restrição proposta por Aronoff nos impede de captar a generalização adequada no processo de formação de agentivos em *-dor*. A restrição proposta por Aronoff é transcrita a seguir[29]:

(1) "Sintaticamente, toda palavra nova deve ser membro de alguma categoria lexical maior, sendo que a categoria exata é determinada pela RFP que produz a palavra."

De acordo com (1), em regras do tipo (2),

(2) $[\ X\ ]_A \rightarrow [\ [\ X\ ]_A\ Y\ ]_B$

B representa uma única categoria lexical maior.

Na base de (1) e (2), os agentivos em *-dor* em português poderiam ser formados por uma regra como (3):

(3) $[\ X\ ]_V \rightarrow [\ [\ X\ ]_V\ \text{dor}\ ]_{N_{Ag}}$

---

29. Cf. Aronoff (1976, p. 49). Aronoff admite a possibilidade de uma arquicategoria, mas essa possibilidade não resolve o problema dos agentivos em *-dor* em português.

Entretanto, (3) cobre apenas uma parte do conjunto possível de palavras formadas pelo sufixo agentivo *-dor*. Consideremos, por exemplo, as frases a seguir:

(4) O administrador não conseguiu resolver o problema.
(5) A firma administradora não conseguiu resolver o problema.

Vemos, em (4) e (5), que **alguns agentivos em *-dor* podem ocorrer ou como nomes ou como adjetivos**. Alguns outros exemplos são listados em (6)[30]:

> De fato, existem muitos itens no léxico que podem comportar-se ora como nome ora como adjetivo. No comentário anterior, vimos o exemplo da palavra *cego*. O problema, portanto, é muito mais geral, não exclusivo das formas em *-dor* geradas pela regra (3). Veja-se que uma possível regra que gera formas em *-eiro* teria dificuldades semelhantes. Por exemplo: *os brasileiros amam a seleção brasileira*.

(6) produtor (o produtor, a firma produtora)
    gerador (o gerador, o mecanismo gerador)
    propulsor (o propulsor, a mola propulsora)
    vencedor (o vencedor, o time vencedor)
    colonizador (o colonizador, os grupos colonizadores)

Por outro lado, existem agentivos em *-dor* que só podem ocorrer como nomes:

(7) O escritor não conseguiu resolver o problema.
(8) *O ...N... escritor não conseguiu resolver o problema.

Agentivos desse tipo incluem os de (9):

(9) governador
    cobrador
    escultor
    maquilador
    ventilador
    etc.

---

30. É provável que haja divergências em relação a exemplos específicos. Essas divergências, entretanto, não alteram a linha central do argumento. Observe-se, ademais, que o sufixo *-dor* apresenta vários alomorfes.

Finalmente, alguns agentivos em -*dor* ocorrem apenas como adjetivos. Esses são relativamente poucos e com frequência determináveis pelos traços sintáticos da base verbal. Consideremos, por exemplo, *compensador*: como o verbo básico é unipessoal, o agentivo pode ocorrer somente como adjetivo[31]:

(10)   Este negócio é compensador
(11)   Este negócio apresenta aspectos compensadores

Os exemplos em (12) se enquadram no mesmo caso:

(12)   tentador
         revelador
         desesperador
         promissor
         enganador
         etc.

Em suma, formações em -*dor* em português podem ser:
(a) +N,+Adj
(b) +N
(c) +Adj

Agentivos em -*dor* apresentam dois níveis de significado, da mesma maneira que as nominalizações tratadas no capítulo anterior: tanto podem se relacionar ao verbo básico apenas em termos de significado lexical como podem apresentar uma interpretação verbal.

No caso de (13), por exemplo, o agentivo se relaciona ao verbo apenas em termos de significado lexical:

(13)   João é um varredor

---

31. Estamos considerando, neste caso, apenas um dos significados possíveis do verbo *compensar*.

Em (13), *varredor* tem um significado lexical relacionado ao do verbo básico *varrer*, isto é, designa "um funcionário que tem a função de varrer"; mas (13) não pode ser interpretada como equivalente a "João varre", por exemplo, embora, naturalmente, contenha essa pressuposição[32].

Mas em (14) o agentivo pode ser interpretado nos dois níveis:

Numa frase como *João é um belo administrador*, temos uma interessante ambiguidade: ou a frase pode ser interpretada como 'João é um administrador que é belo', ou pode ser interpretada como 'João administra belamente, muito bem'. Uma abordagem formal para essa ambiguidade em casos semelhantes do inglês foi proposta pelo linguista norte-americano Richard Larson (1998), usando a ideia de que verbos têm, além dos argumentos que se tornam sujeito e complemento na sentença, um argumento 'evento', que pode ser modificado por advérbios (Davidson, 1967). Assim, para Larson, certos nomes agentivos colocam semanticamente à disposição da modificação por adjetivos tanto entidades ou indivíduos quanto eventos ou atividades. Por exemplo, em *João é um administrador cabeludo*, o adjetivo só pode denotar uma propriedade do indivíduo que é um administrador. Quando toma a atividade disponibilizada pela forma nominal agentiva, o adjetivo define um modo para essa atividade; e isso é o que ocorre na interpretação 'João administra belamente, muito bem' para a frase no início deste comentário.

(14) João é um bom administrador
 a. "João é um bom profissional de administração"
 b. "João administra bem"

Logo, em (14) *administrador* pode ser interpretado tanto como um nome cujo significado é relacionado ao significado do verbo básico quanto como um agentivo que tem interpretação verbal.

É interessante observar que no caso dos agentivos podemos determinar, pelo menos parcialmente, as condições sob as quais teremos uma interpretação nominal e/ou uma interpretação verbal.

---

32. Em outras palavras, se se afirma que alguém é varredor, pressupõe-se que esse alguém exerce a atividade de varrer; essa pressuposição, entretanto, não deve ser confundida com o significado. A fim de esclarecer esse ponto, consideremos as sentenças a seguir:

(i) João é o varredor do prédio, mas ele nunca varreu um corredor sequer.
(ii) João é o administrador da escola, mas ele não administra coisa nenhuma.
(iii) João é o varredor do prédio, mas quem varre o prédio é minha mulher.
(iv) João é o administrador da escola, mas quem administra a escola é Pedro.

As sentenças (i)-(iv) demonstram que "ter a função de X" não equivale a "exercer a atividade X". Se o agentivo precisasse ter uma interpretação verbal, as sentenças (i)-(iv) seriam semanticamente anômalas, o que não é o caso. O uso de *mas* corresponde à negação da pressuposição.

Agentivos do tipo (b), isto é, agentivos que podem ocorrer apenas como nomes, não podem ter uma interpretação verbal. Esses agentivos são sempre interpretados num sentido puramente nominal, mesmo quando ocorrem junto a modificadores e/ou complementos. Por exemplo, *varredor* mantém seu sentido nominal em (15) e (16):

A intuição da autora neste ponto não coincide com a nossa: não é claro por que aqui não existe a interpretação 'João varre bem', que nos parece perfeitamente natural. E na verdade *varredor* pode ser adjetivo, não somente nome, como vemos em:

"de piso existente no mercado há mais de uma década e reconhecido nacionalmente e internacionalmente pela qualidade de sua **máquina varredora** de piso" (retirado de: http://www.artlav.com.br/varredora-de-piso.php).

É preciso lembrar que o texto original foi escrito em 1977, quando muitas dessas formas não existiam nem eram concebíveis.

(15) João é um bom varredor
(16) João é o varredor do prédio

Agentivos do tipo (c), isto é, agentivos que ocorrem somente como adjetivos, sempre apresentam interpretação verbal. Assim, por exemplo, em (10) e (11), "Este negócio é compensador" corresponde a "Este negócio compensa"; e "aspectos compensadores" corresponde a "aspectos que compensam".

Mas agentivos do tipo (a), isto é, agentivos que podem ocorrer tanto como nomes quanto como adjetivos, podem ter ou uma interpretação nominal ou uma interpretação verbal. Podemos fazer a seguinte previsão acerca da interpretação desses agentivos:

(17) Agentivos do tipo (a) não podem apresentar uma interpretação verbal quando ocorrem isoladamente – isto é, sem modificadores e/ou complementos.

Assim, por exemplo, em (18),

(18) Meu irmão é um administrador

administrador não tem uma interpretação verbal; mas em (14) *administrador* pode ser interpretado verbalmente, já que ocorre acompanhado de um modificador, o adjetivo *bom*.

Sumarizando, agentivos do tipo (a) podem ter interpretação nominal ou verbal quando seguidos de modificadores e/ou complementos; agentivos do tipo (b) não podem ter interpretação verbal; e agentivos do tipo (c) não podem ter interpretação nominal. Diante do exposto, temos que reconhecer que:

> (i) Todos os agentivos em *-dor* são formados pela mesma sequência *-dor,* com o mesmo significado geral "que Z", onde Z representa o significado lexical do verbo;
>
> (ii) Todos os agentivos em *-dor* apresentam o mesmo tipo de base, ou seja, uma base verbal;
>
> (iii) A determinação das possíveis interpretações de agentivo X*dor* está diretamente relacionada à presença dos traços +N e +Adj.

Portanto, a formação de agentivos em *-dor* em português deve ser considerada um processo morfológico uno.

Tradicionalmente, dá-se o nome de agentivo a um nome de significado "alguém ou alguma coisa que Z", onde Z representa o verbo. Assim, poderia surgir a questão de saber se deveríamos considerar adjetivos em *-dor* agentivos. Ora, a diferença entre o nome e o adjetivo em português consiste sobretudo no fato de que nos nomes a referência a "alguém" ou "alguma coisa" está incluída no próprio agentivo, enquanto na ocorrência dos adjetivos essa referência está explicitada em outra forma. Portanto, não há motivo para deixarmos de considerar todas as formações em *-dor* agentivos. Ademais, os fatores a seguir corroboram essa conclusão.

Em primeiro lugar, se fôssemos considerar agentivos apenas os nomes, teríamos que desistir da generalização de que formações em *-dor* constituem um processo morfológico uno. Em segundo, a diferença de sentido entre nomes em *-dor* e adjetivos em *-dor* é uma diferença que pode ser atribuída às diferenças gerais que temos entre nomes e adjetivos[33]. Assim, essa diferença não deve ser expressa por meio da oposição de valores de traços como em [+agentivo] e [-agentivo]. Em terceiro lugar, adjetivos em *-dor* mantêm com as bases verbais as mesmas relações sintáticas que os nomes

---

33. O significado funcional específico, característico dos nomes em *-dor*, decorre da presença do traço categorial +N.

podem manter. Nesse sentido, adjetivos em *-dor* diferem, por exemplo, de adjetivos em *-ivo*, que normalmente não podem tomar complemento.

Consideremos, por exemplo:

(19)   Eu inventei um reduplicador de documentos
(20)   Eu inventei um mecanismo reduplicador de documentos
(21)   Eu inventei um mecanismo reduplicativo
(22)   *Eu inventei um mecanismo reduplicativo de documentos

Por fim, devemos observar que adjetivos em *-dor* formam uma classe de adjetivos de distribuição restrita, já que os nomes por eles modificados devem ser semanticamente compatíveis com o caráter agentivo do adjetivo, não podendo, por outro lado, ser nomes que estariam obrigatoriamente implícitos na utilização do agentivo como nome. Assim, agentivos em *-dor* ocorrem sobretudo com palavras como as de (23):

(23)   forças   grupos   máquinas
       condições   firmas   mecanismos
       aspectos   corporações   processos
       elementos   indústrias   etc.
       causas   companhias

Os fatos descritos nesta seção nos forçam a concluir que formações em *-dor* em português são agentivos formados por um processo morfológico uno. Se fôssemos manter (1), teríamos que dividir esse processo morfológico em duas regras:

(24) $[\ X\ ]_V \rightarrow [\ [\ X\ ]_V\ dor\ ]_{N_{Ag}}$

(25) $[\ X\ ]_V \rightarrow [\ [\ X\ ]_V\ dor\ ]_{Adj_{Ag}}$

Entre essas duas regras, a única diferença é o traço categorial. Assim, uma motivação muito forte seria necessária para dar suporte à afirmação de que (24) e (25) não deveriam ser condensadas.

Além disso, dada a existência de agentivos que ocorrem tanto como nomes quanto como adjetivos, teríamos ou que recorrer a uma terceira regra,

(26) $[X]_V \rightarrow [[X]_V \text{ dor }]_R$

em que R é uma arquicategoria, ou então duplicar essas formas no léxico, isto é, teríamos que, por exemplo, listar duas palavras *administrador* no léxico, uma formada por (24) e outra formada por (25).

Claro está, pois, que a manutenção da restrição proposta por Aronoff nos impede de expressar a generalização do processo de formação de agentivos em -*dor* em português. Se adotamos (24) e (25), dividimos o processo morfológico único em duas regras, duplicamos itens idênticos no léxico, e ainda assim não podemos avaliar previsibilidade de significados dos agentivos. Se adotamos (24), (25) e (26), dividimos o processo em três regras, temos que recorrer a uma arquicategoria, e ainda assim não podemos calcular todos os significados previsíveis[34].

Em suma, a fim de captar a generalização no processo de formação dos agentivos em -*dor* em português, temos que desistir de (1) e admitir que produtos de RFPs podem ser especificados para mais de uma categoria lexical maior. Podemos, então, formular a regra de adição de -*dor* em português como em (27):

(27) $[X]_V \rightarrow [[X]_V \text{ dor }]_{N \text{ ou Adj} \atop Ag}$

---

34. Cf. nota 1. Esta segunda alternativa é apresentada com a finalidade de demonstrar que o uso de uma arquicategoria não resolve o problema que os agentivos em -*dor* representam para a proposta de Aronoff.

A regra (27) diz que o sufixo *-dor* forma palavras que apresentam pelo menos um dos traços categoriais especificados no subscrito. Assim, (27) pode formar qualquer das entradas lexicais apresentadas em (28):

(28)   a.   /Xdor/   b.   /Xdor/   c.   /Xdor/
                +Ag   +Ag   +Ag
                +N   +N   +Adj
                +Adj

5.3 PARES N/V EM INGLÊS E REGRAS DE ADIÇÃO DE ZERO

Como já dito anteriormente, no texto "Remarks on nominalization", de 1970, Chomsky propõe que entradas lexicais podem ser categorialmente ambíguas, podendo ocorrer ora em uma estrutura nominal, ora em uma estrutura verbal. Assim, para Chomsky, no trabalho mencionado, a raiz *destroy*, que subcategoriza (seleciona) um complemento e pede por um agente, pode ocorrer como nome, projetando posição para o complemento, como em *the destruction of the city* (aqui a rima da raiz sofre uma alteração por estar no contexto nominal), ou como verbo, como em *John destroyed the city*. Basílio procura aproveitar essa ideia evitando os problemas que a pressuposição de unicidade categorial das entradas lexicais implicaria, conforme já discutido.

A adoção de (27) para a descrição da formação de agentivos em *-dor* em português implica supormos que entradas lexicais podem ter mais de um traço categorial, conforme é sugerido em Chomsky (1970). Aqui adotaremos a proposta de Chomsky nesse particular, mas, pelos motivos discutidos no capítulo 2, faremos a restrição apresentada em (29):

(29)   Formas de composição morfológica diferente não podem constituir uma entrada lexical única.

Vimos em 5.2 que a restrição proposta por Aronoff é excessivamente forte. O fato de que agentivos em *-dor* em português podem ocorrer tanto como nomes quanto como adjetivos nos força a admitir que RFPs podem especificar mais de uma categoria em seus produtos e que, como consequência, entradas lexicais podem ter mais de uma categoria lexical maior.

Desde que admitimos que entradas lexicais podem ter mais de uma categoria lexical maior, isso nos permite lidar com mais facilidade com pares N/V fonologicamente idênticos do inglês, como os seguintes:

(30)	Nome	Verbo	Tradução
fight	fight	luta – lutar
push	push	empurrão – empurrar
mother	mother	mãe – ser maternal com
garden	garden	jardim – fazer jardinagem
function	function	função – funcionar

Esses pares são numerosos no inglês. O principal problema apresentado por eles é que em geral não podemos dizer qual dos membros do par é básico.

Ou seja, assumindo que um membro do par é derivado do outro, a questão que se coloca é qual dos dois seria a base e qual dos dois seria o derivado.

Na literatura da hipótese transformacionalista, em tais pares o verbo, naturalmente, era considerado básico. Com o desenvolvimento de uma teoria lexical dentro da hipótese lexicalista, surgiu a proposição de que a relação lexical entre tais pares deveria ser tratada por meio de regras de adição "zero", isto é, regras de formação de palavras a que não se associa operação fonológica alguma[35].

Entretanto, pelo fato de não podermos saber qual dos membros do par é básico, esse tipo de tratamento nos força a formular duas regras para cada par:

(31) $[X]_V \rightarrow [X]_N$ ou $[X]_V \rightarrow [[X]_V \emptyset]_N$
(32) $[X]_N \rightarrow [X]_V$ ou $[X]_N \rightarrow [[X]_N \emptyset]_V$

a menos que tomemos uma decisão arbitrária.

Na realidade, pelos mesmos fatos discutidos no capítulo 4 em relação ao português, não podemos nos basear em fatores sintático-semânticos para resolver o problema. Mas a situação no inglês é mais complexa do que no português, pelo fato de não haver evidência morfológica de nenhuma espécie que nos permita dizer quando o verbo ou o nome é morfologicamente básico.

---

35. Regras de adição de zero foram propostas por Aronoff (1976).

Em suma, o que sabemos sobre os membros de pares como os de (3) é que eles são intimamente relacionados, fonologicamente idênticos e categorialmente diferentes. A única generalização válida que podemos fazer sobre eles é expressa de maneira mais adequada por entradas lexicais com mais de um traço categorial, como em (33),

$$(33) \begin{bmatrix} X \\ +N \text{ ou } +V \end{bmatrix}$$

em que o problema da direcionalidade do processo desaparece.

O estudo dos agentivos em português fornece, portanto, um suporte independente para a proposta de Chomsky em "Remarks on nominalization", no que concerne a pares N/V fonologicamente idênticos. O uso de entradas lexicais com mais de um traço categorial, de que necessitávamos, de qualquer maneira, para caracterizar agentivos em português, possibilita uma descrição mais adequada dos pares N/V fonologicamente idênticos do inglês.

Consideremos agora os casos em (34) e (35):

(34) | **Nome** | | **Adjetivo** |
|---|---|---|
| | Inglês | |
| formative | | formative |
| adhesive | | adhesive |
| additive | | additive |
| | etc. | |
| | Português | |
| matemático | | matemático |
| físico | | físico |
| químico | | químico |
| | etc. | |

(35) **Nome**   **Advérbio**

Inglês	
fast	fast
quick	quick
low	low
etc.	

Português	
rápido	rápido
baixo	baixo
alto	alto
etc.	

A "ambiguidade categorial" fica evidente quando comparamos as seguintes frases: (a) *As meninas caminham muito rápido*; (b) *As meninas são muito rápidas caminhando*. Na primeira, *rápido* é advérbio e não concorda em gênero e número com nenhum elemento da frase; na segunda, *rápido* é adjetivo e concorda em gênero e número com o sujeito da frase. Uma questão interessante a respeito de dados como esses é por que alguns itens se sujeitam a essa ambiguidade mas outros (a maioria) não. Por exemplo, o adjetivo *belo* não pode ser usado como advérbio: uma sentença como *Pedro correu belo a maratona* é inaceitável no sentido 'Pedro correu belamente a maratona', ou em alguma outra interpretação em que *belo* define um modo para a corrida realizada por Pedro.

Em (34), as palavras são morfologicamente complexas; em (35), são morfologicamente simples. Em ambos os casos, os itens constituem um conjunto muito pequeno dentro das classes respectivas. De modo mais específico, a maior parte dos adjetivos em *-ive* em inglês e a maior parte dos adjetivos em *-ico* em português não podem ser usados como nomes; e a maior parte dos adjetivos em português e em inglês não pode ser usada como advérbios. Sendo esse o caso, o fato de um pequeno número de palavras em cada um desses grupos poder apresentar características de outra categoria constitui informação idiossincrásica que os falantes têm que aprender sobre essas entradas lexicais específicas. Essa situação é expressa de maneira mais adequada se considerarmos que esses pares estão constituindo uma entrada lexical única com mais de um traço categorial.

Em outras palavras, não há motivação para o estabelecimento de mais de um produto categorial nas regras de adição de *-ive* em inglês e adição de *-ico* em português. Assim, não faz sentido estabelecer regras zero para determinar esses casos. Regras como (36),

(36) $[X]_A \rightarrow [[X]_A \emptyset]_B$

seriam produtivas, e nos casos em questão não há evidência de nenhuma espécie para o estabelecimento de um padrão produtivo.

Uma maneira alternativa de expressar tais relações seria estabelecer regras de redundância do tipo (37):

(37) $[X]_A \leftrightarrow [X]_B$

A única razão que teríamos para estabelecer essas regras, entretanto, seria preservar a asserção de que entradas lexicais podem ter apenas um traço categorial, o que, naturalmente, é de mérito bastante questionável. Não há razão que nos leve a supor que os falantes dividiriam uma entrada lexical em duas a fim de, depois, relacioná-las por uma regra do tipo (37), em vez de estocar apenas uma entrada lexical com dois traços categoriais. Assim, em igualdade de condições, a hipótese de que entradas lexicais podem ter mais de um traço categorial é preferível.

Em situações específicas, no entanto, a interação de regras poderia eventualmente levar a uma separação de entradas lexicais. Suponhamos, apenas para ilustrar a discussão, que o inglês apresenta o padrão (38):

(38) $[X]_V \rightarrow [[X]_V \leftrightarrow [X']_N]$

(38) diz que um dado verbo deve ter uma contraparte nominal no léxico. Assim, (38) poderia levar o falante a analisar, por exemplo, *fight* (+N,+V) como duas entradas lexicais separadas, *fight* (+N) e *fight* (+V), da maneira indicada por (38).

A menos que algum padrão geral da língua force uma divisão, esses casos deveriam ser tratados como entradas lexicais com mais de um traço categorial. Estudos subsequentes sobre formas desse tipo podem levar ao estabelecimento de diferentes condições sob as quais as entradas com mais de um traço categorial poderiam ser divididas em duas entradas lexicais relacionadas mas separadas[36].

Finalizando, é importante ressaltar: na medida em que estabelecemos na teoria a possibilidade de entradas lexicais com mais de um traço categorial, podemos banir da teoria toda e qualquer possibilidade de regras "zero". Esse ponto é fundamental, já que regras de adição "zero" constituem um mecanismo tão poderoso quanto entradas lexicais com mais de uma categoria. Vimos, no entanto, que as regras de adição "zero" não nos fornecem uma descrição adequada para os pares N/V fonologicamente idênticos do inglês, por causa do problema da direcionalidade; e que não são adequadas para tratar de casos como os de (34) e (35), que constituem idiossincrasias.

Teorias morfológicas de base sintática, como a Morfologia Distribuída (Halle; Marantz, 1993; Marantz, 1997) e a abordagem exoesqueletal (Borer, 2005), resolvem a questão de outra maneira: as raízes seriam acategoriais – ou seja, não seriam especificadas com traços gramaticais, em particular os que definem a classe da palavra – e só passam a ter uma categoria no contexto sintático funcional adequado. Por exemplo, a raiz /kant/ será verbal no contexto de um núcleo verbalizador ou de núcleos de flexão verbal sintaticamente arranjados com ela – e assim teremos o verbo *cantar*; já no contexto de artigos, quantificadores ou morfemas nominalizadores, da mesma forma sintaticamente arranjados com ela, será nominal e teremos o nome *canto*. Isso não elimina os morfemas zero (ou regras de inserção de zeros fonológicos) na Morfologia Distribuída (uma teoria morfológica do tipo "Item e Arranjo"), pelo menos não em sua corrente principal, mas a teoria de Borer (exoesqueletal) contorna esse problema dos morfemas nulos adotando uma morfologia do tipo "Palavra e Paradigma" nos moldes de Anderson (1992).

Vimos, finalmente, que o estabelecimento de entradas lexicais com especificação para mais de um traço categorial é independentemente motivado pelo processo de formação dos agentivos em -*dor* em português. Esses dados nos forçam a excluir da teoria as regras de adição "zero", em favor das entradas lexicais especificadas para mais de uma categoria.

---

36. Entre estas, considerações semânticas são, sem dúvida, as mais relevantes. De fato, conforme observação de S. Schmerling (comunicação pessoal), essa proposta só pode ser avaliada globalmente à luz de uma teoria semântica lexical.

6

Considerações finais

6.1 INTRODUÇÃO

Neste trabalho apresentamos algumas linhas gerais para a formação de uma teoria lexical em que diferentes tipos de relações paradigmáticas constituem um fator crucial para a descrição e a explicação de uma série de fenômenos lexicais. Este capítulo será dedicado à discussão de alguns aspectos formais envolvidos em propostas apresentadas e ao desenvolvimento de alguns pontos que necessitam de maior detalhamento.

Em 6.2, trataremos do formalismo necessário para expressar que RFPs podem operar sobre radicais presos; serão delineadas algumas alternativas para uma possível restrição à operação de RFPs sobre radicais presos.

Na seção 6.3, apresentaremos uma extensão da proposta delineada no capítulo 4, sugerindo que os padrões que ligam verbos a nomes no léxico podem ser estendidos a outras relações lexicais gerais. A consequência dessa sugestão seria um tratamento formal idêntico para processos derivacionais que tenham em comum pelo menos as seguintes características: (a) correspondência possível de traços contextuais; (b) alto teor de produtividade; e (c) processos de formação no nível morfológico irrelevantes ao significado dos produtos.

Por fim, a seção 6.4 resume as principais propostas feitas nos capítulos anteriores. Também nessa seção serão indicadas algumas áreas para desenvolvimento de pesquisas sobre a estrutura do léxico, que decorrem naturalmente do ponto de vista assumido neste trabalho.

6.2 OPERAÇÃO DE RFPs SOBRE RADICAIS PRESOS

Conforme foi demonstrado no capítulo 3, regras de formação de palavras, embora normalmente operem sobre formas livres, também podem operar sobre radicais presos. Nesta seção discutiremos o formalismo necessário para expressar essa dupla possibilidade e introduziremos um novo tipo de relação paradigmática, que nos fornecerá meios para o estabelecimento de uma restrição à operação de regras de formação de palavras sobre radicais presos.

O formato utilizado na expressão de RFPs e RAEs é transcrito, respectivamente, em (1) e (2):

(1) $[\ X\ ]_A \rightarrow [\ [\ X\ ]_A\ Y\ ]_B$
(2) $[\ [\ X\ ]_{(A)}\ Y\ ]_B$

Grosso modo, o que (1) e (2) dizem é que as regras de formação de palavras (RFPs) operam sobre palavras – ou seja, geram palavras a partir de palavras –, exatamente como as WFRs (*word formation rules*) de Aronoff (1976); mas as regras de análise estrutural (RAEs), que não existem na teoria de Aronoff, podem ter como base algo que não é uma palavra, como raízes e radicais; isso é expresso em (2) pela especificação opcional de X com o rótulo A -- isto é, com uma categoria lexical. Nos parágrafos a seguir, Basílio propõe que também as RFPs possam ter como base elementos que não são palavras, ao contrário do que a teoria de Aronoff defende com suas WFRs.

Os colchetes indicam bases, e marcações obrigatórias de categoria indicam que a forma entre colchetes é livre. Assim, por exemplo, (2) afirma que RAEs podem operar em formas cujas bases não são necessariamente formas livres.

Observe-se, no entanto, que (1) afirma que RFPs operam exclusivamente sobre formas livres. Essa regra, portanto, deve ser reformulada, já que RFPs também podem operar sobre formas presas. Uma possível alternativa seria (3):

(3) $[\ X\ ]_{(A)} \rightarrow [\ [\ X\ ]_A\ Y\ ]_B$

De fato, (3) abrangeria os dois tipos de base sobre os quais uma RFP pode operar. Entretanto, (3) não é uma formulação suficientemente adequada, já que não expressa que só em determinadas condições as regras de formação de palavras podem operar em radicais presos.

Vimos no capítulo 3 que a operação de RFPs sobre radicais presos só seria possível se obtivéssemos condições ótimas em termos de relações paradigmáticas. O requisito mínimo que poderíamos estabelecer nesse sentido seria o da relação sistemática de conjuntos de palavras formadas por duas RFPs diferentes. Tais relações sistemáticas podem ser expressas por regras do tipo (4):

(4) $[\ XY\ ]_A \leftrightarrow [\ XW\ ]_B$

Nesse caso, A e B representam categorias lexicais, e XY e XW representam formas morfologicamente complexas, formadas com sufixos diferentes. Assim, (4) diz que uma entrada lexical formada pela regra de adição de Y a uma base X tem relação sistemática com uma entrada lexical formada pela regra de adição de W à mesma base X. Por exemplo, (5) é uma regra do tipo (4):

(5) $[\ \text{X}ico\ ]_{Adj} \leftrightarrow [\ \text{X}ia\ ]_N$ Exemplificada pelo par *alérgico/alergia*.

Isto é, formas X*ia* se relacionam sistematicamente a formas X*ico*.

Regras do tipo (4) são necessárias para que possamos dar conta do fato de que em alguns casos, dada uma forma XY da categoria A, a existência de uma forma XW da categoria B é previsível. Consideremos, por exemplo, os dados em (6):

(6)   **Nome Abstrato**   **Agentivo**
      marxismo   marxista
      ativismo   ativista
      behaviorismo   behaviorista
      nacionalismo   nacionalista
      socialismo   socialista
      comunismo   comunista
      esquerdismo   esquerdista

Os dados de (6) são formados pelas regras produtivas (7) e (8):

<small>As duas regras, pensadas isoladamente, não garantem que qualquer base que ocorra em uma (seja ela uma palavra, seja uma forma presa) vá ocorrer em outra e vice-versa. Por isso Basílio propõe a regra em (9), que garante essa relação inescapável.</small>

(7) $[\ X\ ]_{N\ ou\ Adj} \rightarrow [\ [\ X\ ]_{N\ ou\ Adj}\ ismo\ ]_{N\ Abst}$
(8) $[\ X\ ]_{N\ ou\ Adj} \rightarrow [\ [\ X\ ]_{N\ ou\ Adj}\ ista\ ]_{N\ Ag}$

Essas regras, entretanto, não são suficientes para expressar o fato de que, dada uma nova formação X*ista*, a formação correspondente X*ismo* é previsível, e vice-versa. A fim de avaliar essa nova dimensão de relacionamento lexical, precisamos de uma regra do tipo (4), como (9):

(9) $[\ Xismo\ ]_{N\ Abst} \leftrightarrow [\ Xista\ ]_{N\ Ag}$

Regras do tipo (4) descrevem relações entre palavras formadas por dois ou mais sufixos diferentes e existem no léxico em diferentes níveis de generalidade. É importante ressaltar que o tipo de relação descrito em (4) é crucialmente distinto do tipo normal de relação lexical que esperamos encontrar entre palavras que apresentam a base em comum. De fato, regras do tipo (4) explicam por que podemos esperar, por exemplo, a criação de uma forma X*ico*, dada a criação de uma nova forma X*ia*; ou a existência de uma nova forma X*ismo*, dada a formação de uma palavra X*ista* correspondente.

Supondo a existência de regras do tipo (4), temos um meio de restringir formalmente as condições sob as quais RFPs podem operar sobre radicais presos. Podemos estabelecer uma restrição de acordo com as linhas gerais de (10):

(10) Uma dada RFP A pode operar sobre um radical preso se, e somente se, os produtos de A são sistematicamente relacionados aos produtos de pelo menos uma outra RFP B, da maneira expressa em (4).

(10) prevê, por exemplo, que as regras de adição de *-ico*, *-ia*, *-ismo* e *-ista* podem operar sobre radicais presos.

Naturalmente, (10) constitui apenas uma primeira aproximação. (10) considera o fato de que as regras mencionadas podem formar novas palavras, operando sobre radicais presos, mas não especifica que radicais podem servir de base para as operações. É possível que outros tipos de regras possam também operar sobre radicais presos; nesse caso, uma restrição mais adequada daria especificações mais detalhadas em relação aos radicais presos sobre os quais uma RFP pode operar. Assim, (10) poderia ser reformulada como em (11):

(11) Uma dada RFP pode operar sobre um radical preso X se, e somente se, este radical preso X ocorre numa palavra XY, em que os produtos da regra de adição de Y se relacionam sistematicamente aos produtos de pelo menos uma outra regra de adição de W, da maneira expressa por (4).

No momento, não sabemos qual das versões é a mais adequada. Uma descrição mais precisa da restrição é difícil de obter até que estudos mais aprofundados sejam feitos sobre relações lexicais do tipo (4) e sobre novas formações baseadas em radicais presos no português e em outras línguas. Esperamos que esta proposta possa motivar pesquisas posteriores sobre essa área inexplorada da estrutura do léxico.

6.3 PADRÕES LEXICAIS GERAIS

No capítulo 4 propusemos o estabelecimento de um padrão lexical geral, transcrito em (12):

(12) $[\ X\ ]_A \rightarrow [\ [\ X\ ]_A \leftrightarrow [\ X'\ ]_B\ ]$

(12) afirma que, dado um item X da categoria A, uma relação morfológica existe entre X e um item X' da categoria B, onde X' representa a noção de "morfologicamente relacionado".

O padrão (12) é primariamente motivado pela análise de uma amostragem de verbos em português, na qual se verificou que verbos quase sempre apresentam uma contraparte nominal no léxico, seja qual for o caráter da relação morfológica. A relação lexical expressa por (12) é diferente da relação morfológica expressa por regras do tipo (3) e (4), repetidas a seguir,

Nas regras (3) e (4), os sufixos X, Y e W são parte da definição de regra. Assim, uma regra específica com a forma (3) seria $[\ X\ ]_{(N)} \rightarrow [\ [\ X\ ]_N\ ista\ ]_{N'}$ e uma com a forma (4) seria $[\ Xista\ ]_N \leftrightarrow [\ Xismo\ ]_N$. Já a regra em (12) não envolve sufixos necessariamente; na verdade, qualquer relação morfológica poderia, a princípio, estar envolvida. Ela expressa, pois, tanto relações que a gramática tradicional define como derivação regressiva (como no par *analisar/análise*) como relações que envolvem derivação sufixal, por exemplo, como no par *destruir/destruição*.

(3) $[\ X\ ]_{(A)} \rightarrow [\ [\ X\ ]_{(A)}\ Y\ ]_B$
(4) $[\ XY\ ]_A \leftrightarrow [\ XW\ ]_B$

já que estas últimas relacionam palavras na base de sufixos específicos.

A formulação de padrões como (12) nos permite considerar o fenômeno da nominalização de uma maneira unificada e, ao mesmo tempo, mostrar que a nominalização é um fenômeno diferente dos processos usuais de formação de palavras.

Dois outros padrões do tipo (12) podem ser encontrados no português, relacionando, respectivamente, adjetivos a nomes abstratos e verbos a agentivos:

(13) $[\ X\ ]_{Adj} \rightarrow [\ [\ X\ ]_{Adj} \leftrightarrow [\ X'\ ]_N\ ]$
(14) $[\ X\ ]_V \rightarrow [\ [\ X\ ]_V \leftrightarrow [\ X'\ ]_{Ag}\ ]$

Isso é possível já que adjetivos quase sempre apresentam contrapartes nominais, e verbos (agentivos) quase sempre têm formas correspondentes de agentivo, da mesma maneira que verbos apresentam contrapartes nominais.

Ademais, em pares V/Ag e Adj/N também podemos obter correspondências de traços contextuais, assim como interpretação verbal (ou adjetiva), além da interpretação normalmente indicada pela categoria lexical. Assim, assumindo (13) e (14), podemos dizer que (12) expressa um padrão específico de correspondência lexical em que (a) a presença de um item X pressupõe a presença de um item X'; (b) X e X' partilham traços contextuais; e (c) formas X' podem apresentar duas dimensões de significado.

Um exemplo já discutido no texto em que a forma X' do par teria duas dimensões do significado é o dos nomes agentivos relacionados a verbos, que podem ter tanto a interpretação verbal como a puramente nominal. Cf. cap. 5 e os dados do Apêndice.

Assim, é natural que, como pares N/V, os significados dos nomes associados a adjetivos ou dos agentivos associados a verbos não dependam de sufixos específicos ou da direção do processo morfológico. Os dados em (15) evidenciam esse ponto:

(15) **Adjetivo** **Nome**
válido validez
sincero sinceridade
puro pureza
escuro escuridão
louco loucura
maravilhoso maravilha
cínico cinismo

Verbo **Agentivo**
lavar lavador
amar amante
sambar sambista
cantar cantor
cozinhar cozinheiro
datilografar datilógrafo
vigiar vigia

Em suma, em padrões do tipo (12) não somente consideramos as relações morfológicas entre pares N/V, Adj/N e Ag/V; mais do que isso, esses padrões mostram, em termos de princípios gerais, que em certos pares de palavras morfologicamente relacionadas encontramos correspondências de traços contextuais e possibilidade de interpretações específicas, sejam quais forem os processos morfológicos envolvidos em regras de formação de palavras.

Adicionalmente, o estabelecimento de padrões do tipo (12) nos permite abordar um problema complexo na morfologia derivacional do português. Consideremos os dados em (16):

(16)	**Verbo**	**Adj. (Part. Pass.)**	**Nome**
	organizar	organizado	organização
	abater	abatido	abatimento
	afetar	afetado	afetação
	afligir	aflito	aflição
	animar	animado	animação
	agitar	agitado	agitação
	exaurir	exausto	exaustão
	indispor	indisposto	indisposição

Exemplo de forma fossilizada participial que não ocorre em contexto verbal é o do adjetivo *exausto*, que não pode ocorrer em frases como **ele tinha exausto todas as alternativas* ou **o empregado foi exausto pela longa jornada de trabalho* (nas duas frases a forma correta seria *exaurido*). Já o caso de *animado* é outro, uma vez que pode ocorrer em contexto verbal, como na frase *o apresentador tinha animado a plateia do programa de auditório*.

Os adjetivos em (16) são formas de particípio passado dos verbos na coluna à esquerda. Alguns deles são formas fossilizadas que permanecem na língua apenas como adjetivos; outros ocorrem tanto como adjetivos autônomos quanto como formas de particípio passado dos verbos correspondentes.

A maioria dos adjetivos oriundos de formas de particípio passado de verbos apresenta uma contraparte nominal em *-ção*, *-mento* ou outro sufixo nominalizador de verbos. Em alguns casos, essas formas nominais são ambíguas, no sentido de que podem ser interpretadas ou como a nominalização do adjetivo ou como a nominalização do verbo. Consideremos, por exemplo, (17):

(17) Eu admirei a organização deste grupo.
a. "Eu admirei o fato de que este grupo foi organizado"
a. "Eu admirei a maneira como este grupo foi organizado
b. "Eu admirei o grau de organização deste grupo"

Na interpretação (a) do exemplo (17), teríamos derivação direta de verbo, e a palavra *organização* aqui vai designar um evento de organizar (de um determinado modo). Na interpretação (b), o que se admira é o modo ou grau em que o grupo está organizado, e para Basílio isso seria uma indicação de que teríamos a forma nominal em *-ção* derivada não diretamente do verbo, mas do adjetivo participial do verbo.

Em outros casos, o verbo é de mudança de estado, de modo que sua nominalização naturalmente coincide com a nominalização do adjetivo:

(18) a. Pedro afligiu Maria
b. A aflição de Maria

Ou seja, o nome *aflição* descreve o estado que decorre do processo associado ao verbo *afligir*. Esse estado também pode ser expresso pelo adjetivo *aflito* em, por exemplo, *Maria ficou aflita* (como resultado de Pedro afligi-la). Daí Basílio associar a interpretação da nominalização com a do adjetivo correspondente.

A correspondência de significado entre adjetivos e suas contrapartes nominais em *-ção*, *-mento* etc. não pode ser descrita por regras de formação de palavras do tipo usual, a menos que estabeleçamos duas RFPs separadas e adotemos regras de truncamento só para tratar desses casos:

(19) $[\ X\ ]_V \rightarrow [\ [\ X\ ]_V\ ção\ ]_N$
(20) $[\ Xdo\ ]_{Adj} \rightarrow [\ [\ Xdo\ ]_{Adj}\ ção\ ]_N$
(21) $[\ [\ Xdo\ ]_{Adj}\ ção\ ]_N$
  1 2   3 $\Rightarrow$ 1 Ø 3

Mais uma vez, teríamos uma duplicação desnecessária de regras e a situação desconfortável de sermos forçados a especificar um sufixo na base apenas para cancelar este mesmo sufixo pela regra de truncamento.

<small>Relembremos o raciocínio de Basílio aqui. (21) é a regra de truncamento que apaga o sufixo participial -*do*, de modo a explicar como a derivação da forma nominal com -*ção* não inclui a forma participial do verbo na base. A regra em (13) evita a necessidade da regra (21): de modo mais simples, ela diz, no contexto dos particípios adjetivos dos verbos, que a uma forma adjetiva participial corresponde uma forma nominal em -*ção*, sem que haja uma regra específica que deriva a forma nominal em -*ção* da forma participial do verbo.</small>

O estabelecimento de (13) resolve esse problema. Nominalizações em -*ção*, -*mento* etc. são formadas por uma única regra cada, como em (19); e são relacionadas tanto aos verbos quanto aos adjetivos. Não somente evitamos a duplicação de regras e o uso de regras de truncamento, mas também explicamos o fato de que nominalizações em -*ção*, -*mento* etc. correspondentes a adjetivos só ocorrem quando o adjetivo em questão é derivado do particípio passado de um verbo. Além disso, podemos prever que o sufixo usado na forma nominalizada do adjetivo será o mesmo sufixo que já ocorre na nominalização do verbo.

Assim, o fato de formas nominalizadas de verbos serem usadas como formas nominalizadas de adjetivos deverbais é naturalmente descrito se considerarmos que adjetivos e suas contrapartes nominais são relacionados por uma regra do tipo (12). A solução desse caso, portanto, fornece suporte adicional para o estabelecimento de padrões do tipo (12) no léxico.

Finalmente, conforme sugerimos no capítulo 3, padrões do tipo (12) são relevantes ao estudo da produtividade de RFPs. Por exemplo, observamos que sufixos como -*idão* são fadados à improdutividade porque temos outros sufixos relacionados ao padrão (13), tais como -*ia* e -*idade*, com cuja produtividade sufixos como -*idão* não podem competir. O mesmo acontece com sufixos agentivos em relação a -*dor* e sufixos nominalizadores em relação a -*ção* e -*mento*. Inversamente, padrões do tipo (12) também explicam a produtividade crescente dos sufixos mencionados, já que as regras de adição correspondentes a esses sufixos hão de operar sempre que um novo verbo ou adjetivo surge na língua.

6.4 CONCLUSÕES

No modelo apresentado neste trabalho, as seguintes regras e padrões foram propostos para tratar de diferentes aspectos da estrutura do léxico:

(a) $[X]_A \rightarrow [[X]_A \leftrightarrow [X']_B]$

(a) diz que, da existência de uma entrada lexical X da categoria A, podemos prever a existência de uma entrada lexical X' da categoria B;

(b) [XY] ↔ [XW]

(b) expressa a relação entre duas entradas lexicais formadas por duas RFPs relacionadas sistematicamente;

(c) $[X]_{(A)} \rightarrow [[X]_{(A)} [Y]_B]$

(c) diz que uma entrada lexical da categoria B pode ser formada no léxico pela adição do sufixo Y a uma base X;

(d) $[X]_{(A)} [Y]_B$

(d) diz que uma entrada lexical da categoria B pode ser analisada como tendo sido formada pela adição de Y a X.

Padrões do tipo (a) foram motivados pelo estudo da nominalização de verbos do português e estendidos para cobrir outras relações gerais no léxico. Esses padrões fornecem uma explicação para o fato de que em pares N/V, Adj/N e V/Ag podemos encontrar correspondências de significado em dois níveis e correspondência de traços contextuais, de natureza diferente da que encontramos em processos usuais de formação de palavras, independentemente da natureza do processo morfológico envolvido. O estabelecimento desses padrões revelou-se de relevância para o estudo da produtividade de RFPs.

Padrões do tipo (b) são necessários para a descrição de relações paradigmáticas entre RFPs. Tais relações são evidenciadas em casos nos quais a formação de uma palavra XY implica a formação de uma palavra correspondente XW. Padrões desse tipo descrevem a situação subparadigmática mais regular que podemos encontrar no léxico, assim fornecendo uma restrição natural para a operação de regras produtivas sobre radicais presos.

Regras dos tipos (c) e (d) consideram os tipos de relação lexical usualmente abordados na literatura sobre a estruturação do léxico. A modificação proposta neste trabalho para essas regras foi motivada pelo fato de que palavras novas numa língua podem ser formadas pela operação de RFPs em radicais presos. Por outro lado, a afirmação de que RFPs podem formar novas palavras ou então analisar a estrutura interna de palavras, por meio de suas contrapartes de análise estrutural, permite a detecção de radicais presos, que são então considerados não unidades primitivas do léxico, mas produtos das regras de análise estrutural.

A visão do léxico que emerge da discussão dos vários fenômenos abordados neste trabalho pode ser resumida como segue. O léxico consiste em um conjunto de entradas lexicais que são organizadas de acordo com padrões de diferentes tipos, alguns dos quais foram discutidos neste trabalho. Assim, por exemplo, verbos são relacionados a formas nominais e formas agentivas; adjetivos são relacionados a suas contrapartes nominais e, possivelmente, a advérbios; e assim por diante. Outras sub-relações podem existir entre itens lexicais, além dessas relações paradigmáticas gerais, tais como a relação entre itens lexicais formados com o mesmo sufixo, a relação entre itens lexicais que partilham a mesma base, a relação entre palavras que são membros de subparadigmas dentro de paradigmas maiores etc.

A pertinência de uma dada entrada lexical em relação a diferentes padrões de relações determina a aplicabilidade de regras de análise estrutural a essa entrada lexical específica, conforme foi sugerido no capítulo 3. Do mesmo modo, dada a existência de RFPs relacionadas a diferentes categorias em paradigmas gerais, o pertencimento de palavras a diferentes padrões determina a aplicabilidade de RFPs. Essa organização está subjacente ao fenômeno de bloqueio – isto é, a não ocorrência de uma formação por causa da existência prévia de outra – e à possibilidade de operação de RFPs sobre radicais presos.

É importante ressaltar que na abordagem do léxico que ora apresentamos questões concernentes ao ordenamento de regras no sentido tradicional não são aplicáveis. O léxico consiste em entradas lexicais que se relacionam umas às outras de diferentes maneiras; RFPs e RAEs podem ser aplicadas a entradas lexicais ou partes de entradas lexicais, e sua aplicabilidade para cada forma é condicionada pelo *status* dessa forma no léxico – isto é, pelas várias relações que se pode obter entre essa forma e outras formas e outros conjuntos de formas na língua.

Abandonamos, assim, a noção de que o léxico consiste meramente de uma lista não ordenada de entradas lexicais. Ao contrário, em nossa proposição o léxico apresenta uma estruturação subjacente definida, sendo organizado de acordo com padrões de diferentes tipos, alguns dos quais foram discutidos com mais detalhe neste trabalho. Assim, por exemplo, formulações dos tipos (a) e (b) representam padrões organizacionais do léxico e podem determinar a produtividade de RFPs e a aplicabilidade de RAEs a entradas lexicais específicas.

Essa concepção do léxico, incluindo a noção "aplicabilidade de RAEs", possibilita o estudo de regras produtivas e RAEs, lançando assim alguma luz sobre a questão crucial dos fatores que condicionam a produtividade lexical. Um exemplo nessa direção de pesquisa é dado no capítulo 3, em que discutimos RAEs envolvendo os sufixos *-idão* e *-udo* em português. Da mesma maneira, o estabelecimento de padrões do tipo (a) explica, em grande parte, a produtividade de alguns sufixos envolvidos em relações lexicais sistemáticas e também prevê que sufixos minoritários nessas relações estão fadados à improdutividade.

O estabelecimento de regras do tipo (b) fornece uma restrição à operação de RFPs produtivas sobre radicais presos; o mesmo aparato pode ser usado para estudos da determinação de condições sob as quais podem ocorrer formações regressivas. Esse fenômeno de formações regressivas não foi focalizado *de per si* no presente trabalho, mas as linhas gerais de pesquisa são bastante claras no capítulo 3. É natural supor que as condições de operabilidade de RFPs sobre radicais presos coincidam em grande parte com as condições exigidas no caso das formações regressivas, já que em ambos os casos é necessário que tenhamos condições ótimas para a detecção do radical.

Uma outra linha de pesquisa que decorre naturalmente do modelo aqui proposto seria o estudo da questão das RFPs possíveis. Conforme observamos no capítulo 3, existem muitas RFPs cuja função primária não é formar, digamos, uma palavra da categoria A na base de uma palavra da categoria B, mas apenas adicionar algum significado específico a palavras, sem mudar sua categoria. Assim, regras que adicionam sufixos muitas vezes são equivalentes em função a algumas regras de adição de prefixos em muitas línguas. Tais regras podem ter uma função secundária em termos de marcação categorial, porém não sabemos com clareza se os dois tipos de regras devem ser expressos da mesma maneira ou não.

O estabelecimento de diferentes tipos de relações lexicais sugere um grande número de questões interessantes envolvendo fenômenos bastante obscuros no léxico. Entre estes, os relacionados a produtividade de RFPs, bloqueio e aplicabilidade de RAEs já foram mencionados.

Mas muitas questões podem ser levantadas, tais como questões concernentes a relação entre a operação de regras específicas, pertinência a padrões derivacionais gerais ou relações subparadigmáticas e fenômenos de deriva semântica e/ou categorial.

Enfim, uma vez considerado que RFPs podem operar em radicais presos, é natural que nos perguntemos se RFPs também podem ter produtos que sejam radicais presos. A hipótese não é logicamente impossível, sobretudo se pensarmos no caso paralelo em sistemas flexionais. Por exemplo, marcadores modo-temporais de verbos em muitas línguas românicas são sufixos que formam somente radicais presos.

Essas e muitas outras questões naturalmente surgem, uma vez que suponhamos que RFPs e RAEs não constituem o único tipo de relação lexical que temos de levar em conta na descrição da estrutura do léxico. Esperamos que a proposta apresentada neste trabalho constitua uma contribuição válida para o desenvolvimento de estudos em prol da formulação de uma teoria lexical mais abrangente.

Apêndice
Amostragem de pares N/V em português

1. NOMES MORFOLOGICAMENTE BÁSICOS

Verbo	Nome	Interpretação
abanar	abano	N
abandonar	abandono	N, V
acalmar	calma	N
acertar	acerto	N
aconselhar	conselho	N
agonizar	agonia	N, V
ajudar	ajuda	N, V
ameaçar	ameaça	N
analisar	análise	N, V
angustiar	angústia	N
aniversariar	aniversário	N
apertar	aperto	N
apoiar	apoio	N, V
argumentar	argumento	N
arranjar	arranjo	N
assustar	susto	N

Verbo	Nome	Interpretação
atrasar	atraso	N, V
aumentar	aumento	N, V
avisar	aviso	N
balançar	balanço	N
buscar	busca	N, V
caminhar	caminho	N
cantar	canto	N
causar	causa	N
censurar	censura	N, V
chocar	choque	N, V
chorar	choro	N
colar	cola	N
colecionar	coleção	N
comprar	compra	N, V
condicionar	condição	N
conquistar	conquista	N, V
consertar	conserto	N
consolar	consolo	N
contornar	contorno	N
controlar	controle	N, V
conversar	conversa	N
criticar	crítica	N, V
custar	custo	N, V
datar	data	N
demorar	demora	V
depositar	depósito	N, V
desanimar	desânimo	N
descansar	descanso	N, V
desculpar	desculpa	N
desejar	desejo	N, V
desempenhar	desempenho	N, V

Verbo	Nome	Interpretação
detalhar	detalhe	N
disfarçar	disfarce	N
dispensar	dispensa	N, V
disputar	disputa	N, V
distanciar-se	distância	N
duvidar	dúvida	N
emocionar	emoção	N
empatar	empate	N, V
encaixar	encaixe	N, V
encontrar	encontro	N, V
enfeitar	enfeite	N
engasgar	engasgo	N
enterrar	enterro	N, V
entregar	entrega	N, V
entrevistar	entrevista	N
enviar	envio	V
errar	erro	N, V
escolher	escolha	N, V
esperar	espera	V
estimular	estímulo	N
estudar	estudo	N, V
exagerar	exagero	N, V
falar	fala	N, V
faltar	falta	N, V
fracassar	fracasso	N, V
fugir	fuga	N, V
gostar	gosto	N
governar	governo	N, V
gritar	grito	N
incentivar	incentivo	N
incomodar	incômodo	N

Verbo	Nome	Interpretação
influenciar	influência	N, V
iniciar	início	N, V
interessar	interesse	N, V
jogar	jogo	N
lecionar	lição	N
lutar	luta	N, V
marcar	marca	N
melhorar	melhora	N, V
mencionar	menção	N, V
misturar	mistura	N, V
mostrar	mostra	N, V
musicar	música	N
revolucionar	revolução	N
selecionar	seleção	N, V
silenciar	silêncio	N
suportar	suporte	N, V
trabalhar	trabalho	N
transportar	transporte	N, V
usar	uso	N, V
vender	venda	N, V
visitar	visita	N, V
voltar	volta	N, V
votar	voto	N, V
zangar-se	zanga	N

2. NOMES DEVERBAIS

Verbo	Nome	Interpretação
abominar	abominação	N
abrir	abertura	N, V
aceitar	aceitação	V
acolher	acolhimento	N
acompanhar	acompanhamento	N
acontecer	acontecimento	N
acrescentar	acréscimo	N
adiantar	adiantamento	N, V
adiar	adiamento	V
adorar	adoração	N, V
adotar	adoção	V
afastar	afastamento	N, V
afirmar	afirmação	N, V
afligir	aflição	N
agir	ação	N, V
agitar	agitação	N
agradecer	agradecimento	N
agredir	agressão	N, V
alterar	alteração	N, V
alternar	alternância	N
ampliar	ampliação	N, V
anexar	anexação	V
animar	animação	N
anotar	anotação	N, V
antecipar	antecipação	V
apagar	apagamento	V
aparecer	aparecimento	V
aposentar-se	aposentadoria	N
aprender	aprendizagem	V
apresentar	apresentação	N, V

Verbo	Nome	Interpretação
aprofundar	aprofundamento	N, V
aproveitar	aproveitamento	V
arrumar	arrumação	N, V
aspirar	aspiração	N
assinar	assinatura	N, V
assumir	assunção	N
atender	atendimento	N, V
atingir	atingir	V
ativar	ativação	V
atrapalhar	atrapalhação	N
atualizar	atualização	N, V
autorizar	autorização	N, V
avaliar	avaliação	N, V
averiguar	averiguação	V
bater	batida	N
candidatar-se	candidatura	N, V
cansar	cansaço	N
capitalizar	capitalização	V
casar-se	casamento	N, V
cassar	cassação	N, V
certificar	certificação	V
chamar	chamado	N
chatear	chateação	N
chegar	chegada	N, V
citar	citação	N, V
coagir	coação	N
colocar	colocação	N, V
comemorar	comemoração	N, V
comentar	comentário	N
comercializar	comercialização	V
comover	comoção	N

Verbo	Nome	Interpretação
comparar	comparação	N, V
compensar	compensação	N, V
completar	compleção	V
complicar	complicação	N
comportar-se	comportamento	N, V
compreender	compreensão	N, V
comprimir	compressão	N, V
comprovar	comprovação	N, V
computar	computação	V
comunicar	comunicação	N, V
concatenar	concatenação	N, V
conceder	concessão	N, V
confessar	confissão	N, V
confiar	confiança	N
confirmar	confirmação	N, V
confundir	confusão	N, V
congregar	congregação	N, V
conhecer	conhecimento	N, V
conseguir	consecução	V
considerar	consideração	N,V
construir	construção	N, V
contar	contagem	V
contemplar	contemplação	N, V
contentar	contentamento	N
continuar	continuação	N, V
contratar	contratação	N
conturbar	conturbação	N
convencer	convicção	N
converter	conversão	N, V
convir	conveniência	N, V
conviver	convivência	N, V

Verbo	Nome	Interpretação
coordenar	coordenação	N, V
crer	crença	N, V
crescer	crescimento	N, V
criar	criação	N, V
cumprir	cumprimento	V
decair	decadência	N, V
decidir	decisão	N, V
defender	defesa	N, V
definir	definição	N, V
degenerar	degeneração	N, V
delinear	delineação	V
depor	depoimento	N
derramar	derramamento	N, V
descontentar	descontentamento	N
descobrir	descobrimento	N
desistir	desistência	V
desmentir	desmentido	N
desorientar	desorientação	N
despedir-se	despedida	N, V
destinar	destinação	N
destruir	destruição	N, V
desvalorizar	desvalorização	N, V
deter	detenção	V
dicionarizar	dicionarização	V
diferir	diferença	N
dirigir	direção	N, V
discutir	discussão	N, V
dispor	disposição	N, V
dissolver	dissolução	N, V
distrair	distração	N
distribuir	distribuição	N, V

Verbo	Nome	Interpretação
divertir-se	divertimento	N
divulgar	divulgação	V
dizer	dito	N
doer	dor	N
dominar	dominação	V
dramatizar	dramatização	N, V
educar	educação	N, V
eleger	eleição	N, V
encaminhar	encaminhamento	V
encerrar	encerramento	N, V
encher	enchimento	N
entristecer	entristecimento	N
entupir	entupimento	N
envelhecer	envelhecimento	N
equilibrar	equilíbrio	N
esclarecer	esclarecimento	N, V
esgotar-se	esgotamento	N
espancar	espancamento	V
especificar	especificação	N
esquecer	esquecimento	N, V
estabelecer	estabelecimento	N, V
estremecer	estremecimento	N, V
esvaziar	esvaziamento	N, V
exaurir	exaustão	N
exceder	excesso	N
executar	execução	V
exercitar-se	exercício	N
exigir	exigência	N, V
existir	existência	V
experimentar	experimentação	N
explicar	explicação	N, V

Verbo	Nome	Interpretação
expor	exposição	N, V
exprimir	expressão	N, V
extrair	extração	V
exumar	exumação	V
falir	falência	N, V
fascinar	fascinação	N
fechar	fechamento	N, V
ferir	ferimento	N
financiar	financiamento	N, V
formar	formação	N, V
formar-se	formatura	N
garantir	garantia	N
gerir	gerência	N, V
gravar	gravação	N, V
herdar	herança	N
hospitalizar	hospitalização	V
implicar	implicação	N, V
importar	importância	N
imprimir	impressão	N
incumbir	incumbência	N, V
indicar	indicação	N, V
indignar-se	indignação	N
industrializar	industrialização	V
inflamar	inflamação	N, V
informar	informação	N, V
injetar	injeção	N, V
insistir	insistência	N, V
interrogar	interrogação	N, V
irromper	irrupção	N, V
jantar	jantar	N, V
julgar	julgamento	N

Verbo	Nome	Interpretação
juntar	junção	N, V
justificar	justificação	N
lançar	lançamento	N, V
lavar	lavagem	N, V
lembrar	lembrança	N, V
ler	leitura	N, V
levantar	levantamento	V
libertar	libertação	N, V
liderar	liderança	N, V
listar	listagem	V
mandar	mandado	N
manifestar	manifestação	N, V
manter	manutenção	V
medir	medida	V
mexer	mexer	N
modificar	modificação	N, V
motivar	motivação	N
mudar	mudança	N, V
murchar	murchar	N, V
nadar	natação	N
nascer	nascimento	N, V
negar	negação	N, V
nomear	nomeação	V
numerar	numeração	N, V
obrigar	obrigação	N
observar	observação	N, V
obter	obtenção	V
ocorrer	ocorrência	N, V
ocupar	ocupação	N, V
oferecer	oferecimento	N, V
opor-se	oposição	N, V

Verbo	Nome	Interpretação
organizar	organização	N, V
pagar	pagamento	N, V
parar	parada	N, V
participar	participação	N, V
partir	partida	N, V
passar	passagem	N, V
pedir	pedido	N
pensar	pensamento	N
perceber	percepção	N, V
permanecer	permanência	V
permitir	permissão	N, V
persuadir	persuasão	N
perturbar	perturbação	N, V
positivar	positivação	V
possuir	posse	N, V
poupar	poupança	N, V
preferir	preferência	N
pregar	pregação	N
preocupar	preocupação	N, V
preparar	preparação	N, V
presidir	presidência	N, V
pressupor	pressuposição	N, V
pretender	pretensão	N, V
prevenir	prevenção	N
proclamar	proclamação	N, V
programar	programação	N, V
prometer	promessa	N
propor	proposição	N, V
prosseguir	prosseguimento	V
publicar	publicação	N, V
raciocinar	raciocínio	N

Verbo	Nome	Interpretação
realizar	realização	N, V
receber	recebimento	N, V
reconciliar	reconciliação	N, V
reconhecer	reconhecimento	N, V
reconstruir	reconstrução	N, V
recuperar	recuperação	N, V
redigir	redação	N, V
reescrever	reescritura	N, V
refilmar	refilmagem	V
refletir	reflexão	N, V
refutar	refutação	N, V
regredir	regressão	V
relacionar	relacionamento	N, V
render	rendimento	N, V
renovar	renovação	V
reparar	reparação	N, V
repercutir	repercussão	V
representar	representação	N, V
resistir	resistência	N, V
resolver	resolução	N, V
responder	resposta	N
restabelecer-se	restabelecimento	N, V
restringir	restrição	N
sair	saída	N, V
salvar	salvação	N, V
seguir	seguimento	V
sentir	sensação	N
separar	separação	N, V
significar	significação	N
sobreviver	sobrevivência	V
sofrer	sofrimento	N

Verbo	Nome	Interpretação
subir	subida	N, V
substituir	substituição	N, V
suceder	sucessão	N
sugerir	sugestão	N, V
superar	superação	V
suprimir	supressão	V
surgir	surgimento	V
surpreender	surpresa	N
suspender	suspensão	V
sustar	sustagem	V
telefonar	telefonema	N, V
tentar	tentativa	N, V
tolerar	tolerância	N
traduzir	tradução	N, V
transbordar	transbordamento	V
transmitir	transmissão	N, V
tratar	tratamento	N, V
unir	união	N, V
unificar	unificação	V
utilizar	utilização	N, V
valer	valor	N
vencer	vitória	N, V
ver	visão	N, V
viajar	viagem	N, V
vir	vinda	N, V
viver	vida	N
xingar	xingamento	N, V

3. VERBOS SEM CONTRAPARTE NOMINAL

acabar	ficar
achar	levantar-se
acreditar	levar
aguardar	manter-se
aguentar	pairar
botar	parecer
brandir	pegar
constar	pendurar
deixar	perdurar
fazer	precisar
desmanchar	querer
despir-se	ressaltar
despontar	segurar
dormir	sentir-se
encarar	ser
enfrentar	tirar
enxergar	tornar-se
espalhar	trazer
evitar	

Bibliografia da obra

ARONOFF, M. *Word formation in generative grammar*. Cambridge: MIT Press, 1976.

BASÍLIO, M. Operacionalização do conceito de raiz. *Cadernos da PUC-RJ*, Rio de Janeiro, ano I, n. 15, p. 89-94, 1974a.

BASÍLIO, M. Segmentação e classificação de morfes. *Cadernos da PUC-RJ*, Rio de Janeiro, ano I, n. 15, p. 79-88, 1974b.

BLOOMFIELD, L. *Language*. Nova York: Holt, Rinehart & Winston, 1933.

CHOMSKY, N. *Syntactic structures*. Haia: Mouton, 1957.

CHOMSKY, N. *Aspects of the theory of syntax*. Cambridge: MIT Press, 1965.

CHOMSKY, N. Remarks on nominalization. *In*: JACOBS, R.; ROSENBAUM, P. (eds.). *Readings in english transformational grammar*. Waltham: Ginn & Co., 1970. p. 184-221.

DOWTY, D. Toward a semantic theory of word formation in montague grammar. *In*: *Texas Linguistic Forum n. 2*. Austin: Department of Linguistics, University of Texas at Austin, 1975. p. 69-96.

HALLE, M. Prolegomena to a theory of word formation. *Linguistic Inquiry*, Cambridge, v. 4, n. 1, p. 3-16, 1973.

JACKENDOFF, R. Morphological and semantic regularities in the lexicon. *Language*, [s. l.], v. 51, n. 3, p. 639-671, 1975.

JOOS, M. *Readings in Linguistics I*. Chicago: The University of Chicago Press, 1966.

LAKOFF, G. *Irregularity in syntax*. Nova York: Holt, Rinehart & Winston, 1970.

LIGHTNER, T. The role of derivational morphology in generative grammar. *Language*, [s. l.], v. 51, n. 3, p. 617-637, 1975.

LYONS, J. *Linguistique Générale*. Paris: Larousse, 1970.

MATTHEWS, P. H. *Morphology*: an introduction to the theory of word structure. Cambridge: Cambridge University Press, 1974.

ROBINS, R. *A short history of linguistics*. Bloomington: Indiana University Press, 1968.

SAUSSURE, F. *Course in General Linguistics*. Nova York: Philosophical Library, 1959.

STERN, G. *Meaning and change of meaning*. Bloomington: Indiana University Press, 1931.

Bibliografia dos comentários

ANDERSON, S. R. (1982) Where's morphology? *Linguistic Inquiry* 13, p. 571-612.

ANDERSON, S. R. (1992). *A-morphous morphology*. Cambridge, Cambridge University Press.

ARAD, M. (1998) Psych notes. *UCL Working Papers in Linguistics*. Cambridge, v. 10.

ARMELIN, P. (2018) Restrições de localidade nas formações de diminutivo do português brasileiro : mapeando uma relação de dependência entre *–inh* e gênero. *D.E.L.T.A.*, 34 (2), p. 483-512.

BORER, H. (2005) *Structuring sense*. Vol I: in name only. Oxford: Oxford University Press.

BORER, H. (2013) *Structuring sense*: Volume III: taking form. Oxford: Oxford University Press.

BORER, H.; ROY, I. (2010) The name of the Adjective. In: HOFHERR, P. & O. MATUSHANSKY (eds.) *Adjectives: Formal analysis in syntax and semantics*. Amsterdam: John Benjamin, p. 85-114.

CALLOU, Dinah; LEITE, Yonne. *Iniciação à fonética e à fonologia*. 5. ed. Rio de Janeiro: Jorge Zahar, 1990.

CHOMSKY, N. (1986) *Knowledge of language:* its nature, origin, and use. New York: Praeger.

DAVIDSON, D. (1967) The logical form of action sentences. In: N. Resher (ed.). *The Logic of decision and action*. Pittsburgh, PA: University of Pittsburgh Press, 81–95. Reprinted in: D. Davidson (ed.). *Essays on actions and events*. Oxford: Clarendon Press, 1980, 105–122.

EMBICK, D. & MARANTZ, A. (2008) Architecture and blocking. *Linguistic Inquiry,* v. 39, n. 1, p. 1–53.

FREITAS, M.L. (2015) Estudo experimental sobre os nominalizadores *-ção* e *-mento*: localidade, ciclicidade e produtividade.

GRIMSHAW, J. (1990) *Argument structure*. Cambridge: MIT, 1990.

GUIMARÃES, M. & G. MENDES (2011) Diminutivos em português brasileiro: sufixação ou infixação? *Estudos Linguísticos* (SP), 40 (1), p. 364-378.

HALE, K. & S. KEYSER (1993) On argument structure and the lexical expression of syntactic relations. In: HALE, K.; KEYSER, S. J.(eds.). *The view from building 20*. Cambridge: MIT Press, p. 53-109.

HALLE, M. & A. MARANTZ (1993) Distributed morphology and the pieces of inflection. In: HALE, K.; KEYSER, S.J. (eds.) *The view from building 20*: essays in linguistics in honor of Sylvain Bromberger. MIT Press, Cambridge, MA, p. 111-176.

HARRIS, R. (1993) *The linguistics wars*. Oxford: Oxford University Press.

HOCKETT, C. (1958) *A course in modern linguistics*. New York: Macmillan.

KIPARSKY, P. (1982) Lexical morphology and phonology. In: The Linguistic Society of Korea (ed.), *Linguistics in the morning calm*. Seoul: Hanshin, p. 3-91.

KIPARSKY, P. (2005) Blocking and periphrasis in inflectional paradigms. In: Booij, G., van Marle, J. (eds) *Yearbook of Morphology 2004*. Dordrecht: Springer, p. 113-135.

LARSON, R. (1998). Events and modification in nominals. In: D. Strolovitch and A. Lawson (eds.) *Proceedings from Semantics and Linguistic Theory VIII*. Ithaca, NY: Cornell University

LEES, R. (1960) *The grammar of English nominalizations*. The Hague: Mouton.

LEMLE, M. (2002) Sufixos em verbos: onde estão e o que fazem. *Revista Letras (Curitiba)*, 58, p. 279-324.

MARANTZ, A. (1997) No escape from syntax: don't try morphological analysis in the privacy of your own lexicon. In: Alexis DIMITRIADIS, A.; SIEGEL, L.; CLARK, C.S.; WILLIAMS, A. (eds.). Proceedings of the 21st Penn Linguistics Colloquium. *UPenn Working Papers in Linguistics*, p. 201-225.

CLARK, C.S. (2013) Locality domains for contextual allomorphy across the interfaces. In: MATUSHANSKY, O.; MARANTZ, A. (Orgs.) *Distributed morphology today:* morphemes for Morris Halle. Cambridge Mass.: The MIT Press, p. 95-116.

POSER, W. (1992) Blocking of phrasal constructions by lexical items. In: SAG, I.; SZABOLCSI, A. (orgs.). *Lexical matters*. Stanford, CA: CSLI Publications. p. 111-130.

VERÍSSIMO, L.F. (1981) *O analista de Bagé*. Porto Alegre: L&PM Editores.

Posfácio

Margarida Basílio

Aproveitando sugestões dos editores, exponho minha visão sobre a repercussão do livro no lançamento, comento brevemente os primeiros trabalhos que produzi ou orientei à luz da proposta e abordo algumas questões que me levaram a refletir mais sobre conceitos básicos do modelo lexicalista utilizado.

I

O livro teve bastante aceitação durante os primeiros anos após o lançamento, o que podemos considerar historicamente, tanto do ponto de vista descritivo quanto no ângulo teórico.

No lado descritivo, embora motivada por proposições lexicalistas, a proposta tinha como base os dados lexicais do português. Assim, respondia diretamente à necessidade de descrição de nossas estruturas lexicais numa nova ótica, baseada não mais em textos literários ou segmentação de enunciados, mas em evidências sobre a competência lexical do falante nativo.

Quanto ao aspecto teórico, na década de 1970 a teoria gerativa estava em ascensão no Brasil e desafiava o estruturalismo, que, por sua vez, havia abalado a hegemonia anterior das gramáticas normativas. Por outro lado, a hipótese lexicalista (Chomsky, 1970) constituía um passo de especial interesse, ao abrir caminho para o retorno da morfologia numa abordagem gerativa.

Dentro desse quadro, o livro propunha uma alternativa aos domínios da gramática normativa e do estruturalismo em morfologia, visto que os estudos gerativos então vigentes só haviam abordado aspectos sintáticos e fonológicos da língua.

Era uma situação difícil para o estudo da morfologia derivacional e para os professores de português, porque as gramáticas normativas não davam relevância à formação de palavras, caracterizadas como neologismos, limitando-se ao vocabulário já consagrado, arrolado nos dicionários, e apresentando um tratamento misto, com forte influência da abordagem histórica do século XIX; e o estruturalismo americano era aplicável apenas aos sistemas flexionais, enquanto o estruturalismo europeu dava menos atenção ao aspecto da descrição linguística.

Enfim, por um lado, o livro veio preencher uma lacuna nos estudos descritivos do português, já que as abordagens anteriores não davam o espaço adequado ao estudo das estruturas lexicais. Por outro, discutiam-se nele propostas teóricas que surgiram poucos anos antes e apresentava-se uma alternativa baseada na análise de dados do português. Assim, é natural que tenha havido bastante interesse pela obra entre os linguistas e estudiosos do português brasileiro.

II

Passo, então, a apresentar os primeiros trabalhos feitos a partir do arcabouço proposto no livro, com o objetivo de mostrar seu potencial teórico e descritivo.

A descrição procura representar a competência lexical do falante nativo do português brasileiro, ou, mais especificamente, formular regras gerais que permitem aos falantes reconhecer a estrutura de palavras derivadas e utilizar esse (re)conhecimento para formar novas palavras.

O texto que dá origem ao livro é a minha tese de doutorado (Basílio, 1977), que traduzi com pequenas adaptações ao português. Assim, os primeiros trabalhos que partiram da proposta são prévios à publicação do livro.

Em Basílio (1978) aprofundei um tema já mencionado no último capítulo do livro: a possibilidade da formação de palavras em termos paradigmáticos, em virtude da força da relação N<->V, em que o substantivo é forma nominalizada do verbo e, por extensão, do Adjetivo/Particípio Passado, como em *abater/abatido/abatimento*. A verificação dessa possibilidade dá força à proposição de que formas derivadas não se relacionam apenas a RFPs do formato apresentado em Aronoff (1976) e utilizado no livro, as quais seriam, portanto, apenas uma parte, embora essencial, da representação de estruturas lexicais.

Em Gunzburger (1979), estuda-se a interpretação de formas nominalizadas deverbais, para além da distinção entre significado nominal e verbal. Verificou-se que os significados gerais dessas formas decorrem, em grande parte, da semântica dos verbos. Assim, um verbo de ação tem uma forma nominalizada com o significado de "ato de Z", como em *digitar/digitação*, mas a um verbo de estado corresponde uma nominalização com o significado "estado de Z", como em *padecer/padecimento*. Ou seja, o significado geral dessas formas é menos aleatório do que supunha Jackendoff (1975) em sua proposta de avaliação do conteúdo de informação de formas nominalizadas.

O estudo tem impacto tanto teórico quanto descritivo ao ressaltar que uma forma nominalizada não se restringe a uma função de mudança categorial, dada a relação direta com a semântica da base, o que adiciona alguma previsibilidade semântica a esse tipo de formação.

Em Cavalcante (1980), estuda-se a produtividade de prefixos no português do Brasil, tendo sido observado que vários prefixos arrolados por gramáticas normativas não são reconhecidos pelos falantes. A testagem, realizada com 10 falantes cultos, mostra que estes não têm intuição sobre alegados prefixos como *su-* e *soto-*, por exemplo, mas reconhecem a estruturação morfológica prefixada em outros casos, seja de modo pleno, como em *ler/reler*, seja apenas estruturalmente, sem atribuir significado ao elemento anteposto, como em *sentir/ressentir*. Os resultados de Cavalcante reiteram a insuficiência da definição de morfema no estruturalismo bloomfieldiano e ressaltam a importância do fator semântico na formulação de RFPs.

Já Miranda (1980) aprofunda a análise dos agentivos no português brasileiro, propondo uma classificação de diferentes tipos e discutindo processos de formação. A contribuição do trabalho reside não apenas nas proposições descritivas particulares para agentivos deverbais e denominais, mas também na explicitação da relevância denotativa da formação de agentivos no léxico, além da motivação sintática subjacente à maioria dos estudos de formação de agentivos na época.

O tema dos agentivos, ou nomes de agente, é revisitado em Basílio (1981), que aponta problemas para a análise apresentada no livro, tendo por base os resultados do trabalho de Miranda, entre outros trabalhos descritivos do português e do inglês. Em especial, Basílio (1981) questiona a pertinência da proposta do livro para as formações X*dor*, a qual, embora resolvendo problemas do tratamento de Aronoff, propõe um mecanismo cujos resultados não são suficientemente restritivos; e sugere a possibilidade de regras de extensão de categorias lexicais para dar conta de formações agentivas do português em que há flutuação motivada entre substantivo e adjetivo.

Em sequência, Basílio (1982), reproduzido em Basílio (2008), inicia o estudo da flutuação entre as classes de palavras substantivo e adjetivo no português do Brasil, constatando a tendência à substantivação de certos tipos de adjetivo em português. O estudo explicita a preocupação com a definição apenas sintática de categorias lexicais que caracterizam bases em que operam RFPs e mostra a dificuldade de aplicação ao léxico das propostas de Camara Jr. (1970) para a classificação de vocábulos formais em português.

Em 1983, Rosa estuda a formação de aumentativos em português e constata a produtividade de apenas uns poucos sufixos, como *-ão* e *-aço*, em detrimento de dezenas de sufixos outros, arrolados nas gramáticas normativas. O trabalho foi baseado em testagem com uma turma de alunos de segundo grau de uma escola pública do Rio de Janeiro. Além do conhecimento sobre a produtividade dos aumentativos em português, o trabalho reitera o problema das gramáticas normativas na descrição dos processos de formação de palavras no português brasileiro contemporâneo.

Em Gamarski (1984), estuda-se a questão dos nomes deverbais considerados tradicionalmente formações regressivas. Os resultados da tese de Gamarski levantam a preocupação com o tratamento dessas formações nas gramáticas normativas.

Também Barreto (1984) aborda a nominalização em português, mas de outro ponto de vista, destacando o papel da forma nominalizada no texto dissertativo e descrevendo as estruturas sintáticas correspondentes. O trabalho explicita a relevância da nominalização para a estrutura textual na língua portuguesa e motiva investigações sobre até que ponto estruturas nominais deverbais derivariam de escolhas ou imposições de caráter textual, refletidas em estruturas verbais ou nominais.

Os resultados dos trabalhos efetuados durante esse período levam a uma preocupação maior com o tratamento do fator semântico na formação de palavras. Um dos problemas é analisado em Basílio (1984), estudo que mostra a relação semântica entre duas formações com o sufixo *-agem*. Mais especificamente, observa-se que o significado de ação, o mais frequente em decorrência da nominalização de verbos, como em *contar/contagem*, é comum a construções em que a base, no entanto, é um nome, em geral de caráter pejorativo, como em *malandro/malandragem, moleque/molecagem* etc. O problema maior, nesse caso, é não poder expressar a conexão semântica entre as duas formações em RFPs baseadas em categorias lexicais de base sintática.

Ainda com a preocupação sobre o aspecto semântico das RFPs, Basílio (1986) focaliza as formações X*idade*, X*eza* e, em menor escala, X*ice*, substantivos abstratos derivados de adjetivos, verificando a possibilidade de interpretação concreta de inúmeras formações, explicitada na pluralização, como em *maldade/maldades*, *gentileza/gentilezas* etc. O estudo também verifica a preponderância da produtividade de construções X*idade* sobre X*eza*, causada por restrições morfológicas da base de formação: como *-eza* se adiciona a bases primitivas, enquanto *-idade* admite bases morfologicamente complexas, *-idade* é mais produtivo do que *-eza* em termos estruturais, desligados em princípio do fator quantidade.

Também em 1986, Frota destaca a expressão pejorativa veiculada em elementos morfológicos; e Guillén analisa a produtividade da formação de verbos X*izar* em português, abrangendo formas de base verbal e base nominal.

Os resultados desses estudos indicam que, além do fator gramatical, o fator semântico apresenta grande relevância e que outros fatores podem estar envolvidos na formação de palavras, tais como os textuais e discursivos.

Vemos, pois, que o arcabouço apresentado no livro dá um instrumental de análise e representação de uma parte considerável do conhecimento lexical do falante, mas necessita desenvolvimentos em diferentes aspectos.

Talvez seja relevante explicitar a questão maior sobre o aspecto semântico das RFPs. É verdade que as RFPs incluem um lado semântico na formação de palavras, mas não de uma forma compatível com sua relevância. Por exemplo, regras propostas para a formação de nomes de agente incluem o significado de agentivo para os respectivos produtos, o significado geral "ato de Z" é apontado para nominalizações de verbos, e assim por diante.

Entretanto, o lado semântico é quase sempre visto como marginal, como uma espécie de comentário informativo, enquanto a essência das regras é a descrição do processo de adição de um sufixo a uma base, ambos categorialmente marcados, para fins de mudança de classe. Assim, quando me refiro à relevância do significado na formação de palavras, focalizo a questão do fator semântico como parte inalienável e de fundamental relevância na formação de palavras. Em especial, surge a questão de até que ponto são mais relevantes fatores gramaticais ou semânticos na disponibilidade de uma base categorialmente marcada para a formulação de uma RFP.

Muitos trabalhos inspirados nas propostas do livro e na abordagem lexicalista se desenvolveram significativamente nas últimas décadas do século XX, conforme analisado em Basílio (1999). Nos anos posteriores, o estudo da morfologia teve um considerável desenvolvimento, seja na continuação, seja em modelos distintos do modelo apresentado no livro, conforme observei em Basílio (2011).

III

Os trabalhos comentados na seção II, e outros que se seguiram, mostraram a necessidade de uma reflexão maior sobre vários aspectos da formação de palavras, o que levou ao trabalho *Teoria Lexical* (Basílio, 1987).

Alguns dos principais temas nele discutidos abrangem a relevância das RFPs na expansão do léxico do falante, muitas vezes negligenciada, dada a ênfase na produtividade lexical; a estruturação da palavra em camadas de formação, implícita estruturalmente nas RFPs; a evolução semântica e a permanência morfológica, causadoras da discrepância semântica que dificulta a análise morfológica de construções lexicais; a diferença de função entre derivação e composição; e a relevância da função denotativa na formação de palavras.

A descrição efetiva de estruturas lexicais do português tornou cada vez mais visível a relevância das RFPs como instrumentos parciais da organização e da expansão do léxico, entendido como o conjunto de unidades que figuram em enunciados e frases da língua, incluindo-se tanto as unidades lexicais consagradas pelo uso quanto as formadas por necessidade sintática, textual, semântica etc. que vão se incorporando ao léxico.

Embora o lexicalismo, em sua fase inicial, enfatize a produtividade lexical, é de se supor que RFPs surjam de RAEs: é o padrão abstraído de construções recorrentes e representado numa RAE que, uma vez consolidado, pode dar origem a RFPs que possibilitam a formação de novas palavras, facilmente reconhecidas, interpretadas e aceitas numa comunidade linguística.

Essas estruturas lexicais, mais visíveis em formações novas, evidenciam o fator produtividade, mas a formação de palavras novas não é necessariamente a função mais relevante das regras lexicais: os padrões de relações lexicais e sua recorrência são igualmente importantes para a expansão do léxico pelo reconhecimento de formações, novas ou já existentes.

RFPs são formuladas em termos de categorias lexicais, como N, V, Adj etc. Na Teoria Padrão, as categorias lexicais são definidas sintaticamente, o que é de se esperar numa teoria da sintaxe (Chomsky, 1965). Para a descrição de estruturas lexicais, porém, essa caracterização se revela insuficiente. É necessária, portanto, uma visão mais abrangente das categorias lexicais na formulação de RFPs.

Por exemplo, conforme proposto no livro, o fato de que podemos formar palavras a partir de radicais sugere que a definição apenas sintática das categorias não é suficiente para a descrição dos processos de formação de palavras, já que a base de tais formações não se enquadra em classes de palavras.

Vimos ainda (Gunzburger, 1979) que a interpretação de derivados nominais depende da semântica geral da base, e, portanto, a relevância da semântica das bases de formas nominalizadas. E Basílio (1993) mostra que a produtividade de RFPs é relacionada à semântica da base, pois RFPs que incluem restrições semânticas configuram necessariamente um campo menor de atuação. Aliás, Aronoff (1976) já apresentava um tipo de relação semelhante ao ressaltar a caracterização morfológica como fator no grau de produtividade de uma RFP.

De igual relevância é o fato de que a motivação de transposição categorial ou mudança de classe é praticamente inexistente na prefixação e na composição em português e outras línguas. Além disso, a função sintática tem pouca relevância em várias RFPs sufixais do português, como na formação de agentivos denominais, diminutivos etc. Nesses casos, a motivação para as formações é a denotação motivada pela semântica da base. Por exemplo, *sapateiro* é um agentivo denominal formado para designar um profissional que trabalha com sapatos e não para termos outro substantivo.

A definição de critérios para a determinação de categorias lexicais é problemática e controversa na formação de palavras. O tema é tratado em Basílio (2004), que defende a proposta de definição de classes de palavras através de três critérios – o semântico, o sintático e o morfológico –, assim incorporando esses fatores na formulação de RFPs. O trabalho apresenta, ainda, uma análise de vários processos de formação de palavras em português, com ou sem mudança de classe, e faz uma análise da distinção e da relação entre substantivo e adjetivo no português brasileiro.

Outro ponto a ser considerado a partir das propostas do livro é uma interpretação mais segura dos termos "regra", "formação" e "palavra", tendo em vista que RFPs representam, de acordo com a proposição teórica, as estruturas morfológicas correspondentes a palavras visíveis ou previsíveis na língua.

O termo "regra" poderia ser interpretado como "lei", dado o arcabouço teórico da teoria gerativa, que busca representar proposições universais para os fenômenos linguísticos, mas as abordagens lexicalistas nem sempre favorecem essa interpretação. Já nossa tradição descritiva provém das gramáticas normativas, para as quais "regra" corresponde a uma prescrição da norma gramatical.

Uma interpretação mais adequada do termo "regra" para a formação de palavras é a noção de padrão, ou seja, uma generalização linguisticamente relevante. Assim, as siglas RFP e RAE correspondem a padrões de estrutura interna e formação de palavras.

Por sua vez, o termo "formação" pode se referir tanto ao processo de formar uma palavra como à sua constituição. A importância da distinção está na diferença entre a abordagem lexicalista e o tratamento estruturalista ou o da gramática normativa. Enquanto no lexicalismo a ênfase está na produtividade, na relação lexical e na análise estrutural da palavra, no estruturalismo americano a estrutura morfológica corresponde à segmentação de palavras em morfemas; e na gramática normativa há uma mescla de padrões sincrônicos, prescrições e fatos históricos na listagem de radicais e elementos formadores.

O termo "palavra" apresenta um problema mais complexo, que já vem sendo discutido desde o estruturalismo (cf. Bloomfield, [1926] 1968; Camara Jr., 1970; Lyons, 1968 etc.). O tema é examinado em Basílio (1999a, 1999b, 2004 etc.), entre outros. Entretanto, no universo abordado no livro, não há problema em reconhecer palavras derivadas enquanto objetos morfológicos, ou seja, produtos de regras morfológicas de formação (Di Sciullo; Williams, 1987), embora o léxico também contenha o conjunto de palavras de uma língua.

Mas há dificuldades no caso das formas que servem de base para a operação de RFPs e RAEs, já que a noção da isolabilidade das bases mostra que palavras podem ser formadas a partir de radicais. Outras situações difíceis incluem os compostos tradicionais, assim como locuções e até construções tradicionalmente consideradas formações Prep-N, que, no entanto, poderiam também ser descritas como de formação prefixal (cf., por exemplo, *em cima* e *acima*; *embaixo* e *debaixo*); e construções como os advérbios em *-mente*, discutidos em Basílio (1998), entre outros.

Tendo em vista essas considerações, entendemos que RFPs e RAEs representam, respectivamente, padrões regulares vigentes de formação e reconhecimento estrutural de palavras já existentes ou que possam ser formadas no léxico de nossa língua.

Neste ponto, é interessante considerar o tratamento da formação de palavras proposto por Saussure (1916), que apresento e discuto em Basílio (1997).

Na abordagem saussureana, a percepção da relação estrutural entre dois itens lexicalmente relacionados propicia a inferência do elemento que corresponde à incógnita da quarta proporcional, como em *conhecer : conhecimento :: falecer : X*, donde X = *falecimento*.

Nessa abordagem, o princípio de formação subjacente a um par de itens lexicais relacionados corresponde às regras de redundância de Jackendoff (1975) ou a RAEs incorporadas a RFPs. Empiricamente falando, as propostas parecem ser equivalentes, no sentido de que qualquer produto de uma RFP poderia ser construído a partir de um padrão analógico.

Entretanto, a formação por analogia proporcional permite um alargamento no uso de RFPs/RAEs, não mencionado nas representações que conhecemos (Anderson, 1992). Por exemplo, a formação "enxadachim", de Guimarães Rosa (Rocha, 1992), seria formada pela analogia proporcional *espada : espadachim :: enxada : X*, donde X = *enxadachim*. O fato de consistir em um exemplo literário não surpreende, visto que *espadachim* parece ser um nome de agente morfologicamente único. A questão que se coloca é se *enxadachim* é ou não uma palavra possível em português. Se for, não haverá diferença empírica entre as duas abordagens.

Mas haveria diferenças outras: apesar de a formulação de padrões específicos parecer mais razoável, na medida em que expressa a generalização de uma relação lexical, casos especialmente minoritários ou unitários não seriam levados em conta – como, de fato, não são, embora o sejam na teoria. Deveríamos, então, considerar suficiente ou insuficiente a existência de um par do tipo *espada/espadachim* para se estabelecer um padrão de formação? Esse exemplo chama a atenção para o problema, mas há outros pares mais discretos, como *acrescer/acréscimo* e *decrescer/decréscimo* (cf. *créscimo), entre muitos outros.

Uma última questão sobre a qual não podemos deixar de refletir é o próprio conceito de produtividade no lexicalismo (Aronoff, 1976), adotado, com ressalvas, no livro.

A produtividade lexical tem importância crucial na abordagem gerativa lexicalista da formação de palavras, pois o objetivo das RFPs é representar a classe de palavras possíveis numa língua. Mas a imprecisão do termo prejudica o entendimento teórico da noção e sua aplicação na atividade concreta de análise. Em especial, é necessário distinguir produtividade de frequência de aplicação e discutir a questão dos graus de produtividade.

Aronoff define a produtividade como a possibilidade de uma RFP produzir novas palavras numa língua e vê essa possibilidade em termos relativos, reconhecendo graus de produtividade, relacionados sobretudo à transparência semântica ou a restrições morfológicas. O termo, portanto, (con)funde a possibilidade de uma RFP formar novas palavras numa língua com a dimensão de seu uso na formação concreta de itens lexicais. A imprecisão do termo dificulta a avaliação de diferentes propostas e não contribui para o esclarecimento da questão da viabilidade ou não de determinarmos, através de RFPs, as construções lexicais possíveis numa língua.

De fato, temos que lidar com o fato da incorporação ao léxico de itens produzidos por RFPs, geralmente vistos como indicadores da produtividade das RFPs correspondentes. Ou seja, o termo "produtivo" também se refere à maior ou à menor utilização de uma RFP em novas formações, o que abarcaria os níveis de competência e desempenho (Kastovsky, 1986).

Ou seja, o termo abrange simultaneamente (a) a propriedade de uma RFP de especificar construções morfológicas bem formadas; (b) a relativa frequência de utilização de uma RFP em formações lexicais; e (c) a propriedade de uma RFP de produzir novas formas.

É corrente na literatura a prática de se tomar a quantidade de itens dicionarizados produzidos por uma RFP como evidência de sua produtividade, considerada maior ou menor. Essa prática não apenas ignora as peculiaridades do fator dicionarização, mas também confunde frequência de uso com possibilidade estrutural.

Outro ângulo dessa prática que merece discussão é o fato de que nas contagens não se costuma fazer distinção entre formas recentes ou contemporâneas e formas herdadas da história da língua, cujo papel na determinação da produtividade de uma RFP é outro ponto a ser analisado. Nesse sentido, o mais adequado é que afirmações cabais de produtividade tenham por base formações novas, o que não é uma questão trivial, visto que o mais comum em nossa atividade linguística é a utilização do vocabulário previamente existente na língua.

Para ressaltar a diferença entre produtividade e frequência de aplicação, Corbin (1984) propõe o conceito de "disponibilidade", definindo uma regra como disponível quando passível de uso normal pelo falante para formar palavras, colocando esse conceito, portanto, na esfera da competência lexical, enquanto a rentabilidade de uma regra se situaria na análise do discurso. Ou seja, para Corbin a produtividade define formas disponíveis, e não palavras atestadas.

Essa constatação indica a necessidade da distinção entre produtividade em oposição a improdutividade; bem como produtividade em oposição a produção, pois nem sempre um par de itens lexicais relacionados corresponde a uma regra produtiva; e, como observam Di Sciullo e Williams (1987), não é teoricamente possível atestar o conjunto concreto de palavras que corresponderia a uma regra produtiva.

Para além da polissemia do termo "produtividade" e da necessidade de se distinguir seus sentidos, é necessário discutir a questão dos "graus de produtividade", frequentemente referidos na literatura. No livro, observo que graus de produtividade baseados no suposto número de produtos de uma RFP não têm relevância no que concerne à competência lexical: a RFP determina como possível uma operação num tipo de base com uma determinada função, de modo que toda e qualquer combinação resultante corresponde a uma palavra potencial, não havendo espaço teórico para gradação.

Entretanto, para explicitar a frequência de aplicação de uma RFP na descrição de construções morfológicas de uma língua, o fator gradação é certamente relevante.

Na tentativa de tratar do tema na análise da formação de palavras no português falado, proponho em Basílio (1993) a distinção entre condições de produtividade e condições de produção.

Condições de produtividade se referem às especificações e restrições de aplicação de uma RFP a bases disponíveis na língua, assim determinando seu potencial de aplicabilidade na esfera de cunho estritamente linguístico. Nessa abordagem, uma RFP é produtiva em bases que seguem suas determinações em termos categoriais, semânticos e morfológicos, não havendo, portanto, espaço para considerações sobre frequência de aplicação.

Já condições de produção remetem a fatores que interferem na maior ou na menor utilização de RFPs para a formação de novas palavras. Podemos distinguir diferentes tipos de condições. Por um lado, condições de cunho paradigmático, determinadas pela existência de regras em competição (Basílio, 1980; Marle, 1986); por outro, o tipo de discurso utilizado pode determinar uma maior necessidade de utilização de RFPs; e necessidades semânticas e discursivas também apresentam um papel relevante na utilização maior ou menor de RFPs que resultam em novas formações.

Por exemplo, na esfera paradigmática, os sufixos *-ção* e *-mento* estão em competição, mas o sufixo *-ção* tem maiores condições de produção, visto que, havendo um número muito maior de formações já feitas com *-ção* do que com *-mento*, a força lexical de *-ção* é maior do que a de *-mento*. Os resultados de duas análises, abrangendo dados de língua falada e escrita, indicam a propriedade dessa afirmação (cf. Albino, 1993; Basílio, 1996).

No que se refere a tipos de discurso, o discurso escrito formal exige um uso maior de formas nominalizadas, por questões atinentes a estruturas textuais, fato que favorece a utilização maior de RFPs correspondentes a formas nominalizadas deverbais. Em direção contrária, a língua falada coloquial permite uma expressividade maior, evitada na língua escrita formal, o que interfere no teor de produção de RFPs correspondentes a expressões subjetivas de avaliação, como a pejoratividade e a gradação morfológica.

Uma situação digna de nota nas condições de produção de RFPs é a noção de bloqueio, proposta por Aronoff e em geral utilizada em estudos lexicalistas. De acordo com essa noção, RFPs produtivas não são utilizadas quando o produto funcionalmente pretendido já existe no léxico. Por exemplo, não formamos *contentação* ou *ostentamento* porque já temos no léxico *contentamento* e *ostentação*. A noção é de crucial relevância numa abordagem lexicalista, já que explicaria por que não temos várias formas nominalizadas para cada verbo, para cada adjetivo, e assim por diante.

Diante da distinção entre produtividade e produção, entretanto, fica claro que a noção de bloqueio é uma condição de produção. Assim, não é por acaso que o bloqueio não se verifica em várias situações, como a formação simultânea de construções morfológicas a partir de diferentes RFPs (a previsão é que uma prevaleça em detrimento das outras ou haja uma especialização de uso), a necessidade de uma nova formação por motivos alheios aos estruturais e a ausência de determinadas formações no léxico de falantes.

Também de relevância são as condições de produção relacionadas a fatores semânticos e seus correlatos enciclopédicos, que determinam necessidades de denominação de conceitos, objetos, eventos etc. Por exemplo, novas formações em -*dor* indicando profissionais surgem na medida em que a sociedade e/ou o mercado de trabalho apresentem, ou mesmo fabriquem, a necessidade de denotação correspondente.

Outra questão a ser discutida seria a relevância da distinção produtividade/criatividade, que também traz imprecisão de conteúdos pela utilização indiscriminada dos termos.

Na literatura lexicalista, isso ocorre por influência das observações de Chomsky sobre a criatividade da linguagem, referindo-se o autor à possibilidade teoricamente infinita de falantes produzirem novas frases em sua língua. Trata-se, no entanto, do que foi especificado como criatividade governada por regras.

Quanto à literatura referente à morfologia, a possibilidade de formar novas palavras, dentro dos limites inerentes à descrição estrutural das RFPs, é denominada e conhecida como produtividade.

Entretanto, é comum na literatura a referência à formação de palavras como criatividade e inovação lexical, sendo, pois, necessário discriminar as duas possibilidades mais gerais de uso dos termos, na medida em que encontramos, e não apenas do ponto de vista histórico, formações que não se enquadram exatamente no que se especifica em RFPs. Estas poderiam resultar da criatividade lexical, em oposição à previsibilidade dos produtos das especificações de RFPs. Como afirmou Bauer (2001), entre outros, a produtividade é uma noção que se aplica a regras.

Já a criatividade na formação de palavras se colocaria num campo em que palavras são formadas ao mesmo tempo levando em conta e a despeito do que é previsto por RFPs ou RAEs, assim quebrando expectativas sobre elas e sobre outros fatores relevantes, ainda que não explicitados.

Um exemplo de criação lexical seria *sincericídio*, que surgiu há poucos anos. Trata-se de uma composição, em que o primeiro termo especifica o segundo. Por exemplo, *feminicídio* corresponde ao assassinato de uma mulher, em *suicídio* o ato recai sobre o próprio perpetrador etc. Mas em *sincericídio* há uma espécie de extrapolação do previsto na estrutura, já que o primeiro termo condensa, no uso do adjetivo, a figura do "eu" adjetivado como sincero, isto é, o *sincericídio* é o suicídio (em geral, político) de alguém por ter sido sincero.

Do ponto de vista morfológico, é relevante fazer essa distinção entre produtividade e criatividade, tendo em vista que a polissemia do termo produtividade se estende para a expressão "uso criativo", que se refere tanto à aplicação automática de uma RFP disponível para uma nova formação quanto a formações inesperadas, não previstas nas especificações da RFP, e que, no entanto, são usadas, entendidas e aceitas (no nível linguístico) pelos falantes, que são atingidos por seus efeitos. No entanto, a criatividade, assim como as distrações e outros desvios, ficam no âmbito do desempenho.

Um outro ponto a ser levado em conta na discussão sobre produtividade é a questão lista/regra, decorrente da noção de que o léxico é constituído de uma lista de itens lexicais e de um componente de regras.

Mais especificamente, Jackendoff trabalha com um léxico que corresponde às palavras da língua conhecidas pelo "falante ideal" e às regras de redundância, que expressam as relações lexicais. Aronoff privilegia as palavras como produtos de RFPs, embora sua posição não seja clara a respeito (por exemplo, a noção de bloqueio exige a noção de lista de palavras). Em nossa proposta, o léxico contém tanto as palavras que o falante da língua conhece quanto RFPs e RAEs.

O reconhecimento da dupla constituição do léxico, no entanto, traz uma questão metodológica: como garantir, numa dada formação, se esta é oriunda da aplicação de uma RFP ou é memorizada e consta na lista? A resposta a essa pergunta é fundamental, visto que a produtividade de RFPs tem como indício a ocorrência significativa de itens lexicais em que é visível a estruturação afixal produzida por RFPs.

Por exemplo, em inglês palavras como *length*, *strength*, *width*, *truth* etc. sugeririam um sufixo *-th* formador de nomes abstratos a partir de adjetivos. No entanto, a não aceitabilidade de novas formações com *-*th* desautoriza a formulação de uma RFP correspondente. Casos como esse, em que o número de palavras é pequeno, não costumam fomentar discussões.

Segundo Bauer (2001), porém, um sufixo como *-ment* em inglês é igualmente improdutivo, apesar de haver centenas de ocorrências distintas do sufixo nessa língua. Portanto, o problema metodológico consiste em avaliar o valor como evidência da ocorrência de formações que se presume serem oriundas de uma RFP para declará-la produtiva.

Essa questão remete a um ponto levantado por Bybee (1985) sobre modelos "Item e Processo" (IP): a formalização que iguala "regras" de formação que podem cobrir 3, 300 ou 3 mil construções. Em Basílio (1997), além do já citado *enxadachim*, vemos exemplos como *rochedo*, *penedo* e *vinhedo* (ao lado de *brinquedo* e *folguedo*), que, embora apresentem constância parcial em significado e classe gramatical, não se estendem a outras formações, provavelmente por causa do teor insuficiente de transparência, assim como do número escasso de exemplos.

De maior abrangência e transparência são casos como o do sufixo *-io* (átono) como nominalizador deverbal, já mencionados no livro. Por exemplo, esse sufixo, apesar de constituir um número relativamente razoável (*delírio*, *suicídio*, *assassínio*, *declínio*, *naufrágio*, *exercício*, *desperdício*, *dispêndio*, *escrutínio*, *domínio*, *extermínio* etc.), ainda assim, embora analisável por uma RAE, não apresenta evidência de produtividade.

Portanto, fica claro que, apesar de o número de ocorrências ser um indício de produtividade, não podemos comprovar produtividade apenas através do número de ocorrências – caso em que teríamos, além do mais, a questão "Qual é o número mágico?" Esta é uma pergunta embaraçosa na formulação de regras produtivas de formação de palavras: qual seria a evidência?

Diante do problema, parece haver dois caminhos a percorrer. Podemos ter hipóteses de produtividade, isto é, regras que formulamos para representar hipóteses de que processos que adicionam determinados afixos a bases para formar palavras apresentam indícios de produtividade pela frequência de ocorrência regular em diferentes formações. Ou podemos ir além e testar o potencial do processo através de testes com falantes e/ou pesquisando dados independentes dos já dicionarizados, que então atestariam mais efetivamente a produtividade.

Por exemplo, não foram encontrados, em décadas de pesquisa, dados que autorizassem estabelecer como processo produtivo o acréscimo de *-io* a verbos. Para outros processos, ao contrário, podemos constatar formações novas como, por exemplo, as nominalizações X*da*, em virtude de seu crescente uso em expressões *dar uma Xda*; as nominalizações X*ção*, derivadas de novos verbos de estrutura X*izar*; as nominalizações X*idade*, derivadas de novos adjetivos de estrutura X*al* ou X*vel*, e assim por diante.

Um exemplo interessante da força dos novos dados para a demonstração de produtividade é o de formações giriáticas como *sufoco, agito, badalo* e outras, a que se adicionam dados de linguagem infantil, como "acabo do passeio", e expressões do dia a dia, como "vou dar um adianto no serviço de casa". Tais formações atestam a produtividade da terminação *-o* na nominalização deverbal, trazendo problemas para a análise proposta no capítulo 4 do livro para nominalizações e supostas derivações regressivas.

Em suma, pressupor que o léxico contém uma lista de palavras e RFPs/RAEs exige como evidência de produtividade a apresentação de formações novas ou recentes com razoável aceitabilidade. Já a pressuposição de um léxico contendo apenas RFPs nos traz o mistério de onde encontrar as palavras às quais as RFPs se aplicariam na formação de novos itens lexicais, assim como os elementos que a elas se adicionam para formar uma nova palavra.

Essas são algumas das reflexões que fiz nos anos posteriores à elaboração do livro, ora motivadas por análises de dados lexicais, ora por perguntas feitas por alunos. Muitas questões permanecem em aberto, outras são transformadas em caminhos promissores, algumas se tornam invisíveis.

Naturalmente, ao longo do tempo, outras abordagens se desenvolveram, novas propostas teóricas surgiram; e o progresso tecnológico propiciou o acesso a gigantescos *corpora* de dados. Espero que as novas gerações de morfólogos continuem explorando esses e outros novos caminhos.

REFERÊNCIAS

ALBINO, J. M. B. *As condições de produção dos sufixos nominalizadores -ção e -mento no português escrito formal*. Dissertação (Mestrado em Linguística) – Universidade Federal do Rio de Janeiro, Rio de Janeiro, 1993.

ANDERSON, S. Where's morphology? *Linguistic Inquiry*, Cambridge, v. 13, n. 4, p. 571-612, 1982.

ANDERSON, S. *A-morphous morphology*. Cambridge: Cambridge University Press, 1992.

ARONOFF, M. *Word formation in generative grammar*. Cambridge: MIT Press, 1976.

BARRETO, B. *A nominalização no texto dissertativo*: um estudo dos padrões sintáticos. Dissertação (Mestrado em Linguística) – Pontifícia Universidade Católica do Rio de Janeiro, Rio de Janeiro, 1984.

BASÍLIO, M. *Aspects of the structure of the lexicon*: evidence from portuguese. Tese (Doutorado em Linguística) – University of Texas at Austin, Austin, 1977.

BASÍLIO, M. Padrões derivacionais gerais: o fenômeno da nominalização em português. *Revista Brasileira de Linguística*, [s. l.], v. 5, n.1, p. 79-87, 1978.

BASÍLIO, M. *Estruturas lexicais do português*. Petrópolis: Vozes, 1980.

BASÍLIO, M. Re-estudo de agentivos. *In*: ENCONTRO NACIONAL DE LINGUÍSTICA, 6., 1981, Rio de Janeiro. Comunicação.

BASÍLIO, M. Substantivação plena e substantivação precária: um estudo de classes de palavras no Português do Brasil. *In*: ENCONTRO NACIONAL DE LINGUÍSTICA, 7., 1982, Rio de Janeiro. Comunicação. Reproduzido em Basílio (2008).

BASÍLIO, M. Relevância do fator semântico na descrição de processos de formação de palavras: um estudo de formas X-agem em português. *In*: ENCONTRO NACIONAL DE LINGUÍSTICA, 8., *Anais*. Rio de Janeiro: PUC-Rio, 1984.

BASÍLIO, M. A função semântica na substantivação de adjetivos. *D.E.L.T.A.*, São Paulo, v. 2, n. 1, p. 37-56, 1986.

BASÍLIO, M. *Teoria lexical*. São Paulo: Ática, 1987.

BASÍLIO, M. Produtividade, função e produção lexical no português falado. *In*: CONGRESSO INTERNACIONAL DA ASSOCIAÇÃO DE LINGUÍSTICA E FILOLOGIA DA AMÉRICA LATINA (ALFAL), 9, Campinas. *Atas, v. II*. Campinas: Unicamp, 1993. p. 27-37.

BASÍLIO, M. A Nominalização deverbal sufixal no português falado. *In*: CASTILHO, A.; BASÍLIO, M. (orgs.). *Gramática do português falado*: estudos descritivos. Campinas: Unicamp; Fapesp, 1996. v. IV. p. 223-233.

BASÍLIO, M. O princípio da analogia na constituição do léxico: regras são clichês lexicais. *Veredas: Revista de Estudos Linguísticos*, Juiz de Fora, v. 1, n. 1, p. 9-21, 1997.

BASÍLIO, M. Morfológica e castilhamente: um estudo das construções X-mente no português do Brasil. *D.E.L.T.A.*, São Paulo, v. 14, n. esp., p. 15-25, 1998.

BASÍLIO, M. A morfologia no Brasil: indicadores e questões. *D.E.L.T.A.*, São Paulo, v. 15, n. esp., p. 53-70, 1999a.

BASÍLIO, M. Questões clássicas e recentes na delimitação de unidades lexicais. *In*: BASÍLIO, M. (org.). *A delimitação das unidades lexicais*. Rio de Janeiro: Grypho, 1999b.

BASÍLIO, M. *Formação e classes de palavras no português do Brasil*. São Paulo: Contexto, 2004.

BASÍLIO, M. Substantivação plena e substantivação precária: um estudo sobre formação de palavras. *Diadorim*, Rio de Janeiro, v. 4, p. 11-24, 2008.

BAUER, L. *Morphological productivity*. Cambridge: Cambridge University Press, 2001.

BLOOMFIELD, L. A set of postulates for the science of language. *In*: JOOS, M. (ed.). *Readings in linguistics*. Chicago: The University of Chicago Press, [1926] 1968. v. I.

BYBEE, J. *Morphology*. Amsterdã: Benjamins, 1985.

CAMARA JR., J. M. *Estrutura da língua portuguesa*. Petrópolis: Vozes, 1970.

CAVALCANTE, R. *Um estudo sobre alguns prefixos de origem latina numa abordagem gerativa*. 1980. Dissertação (Mestrado em Letras) – Pontifícia Universidade Católica do Rio de Janeiro, Rio de Janeiro, 1980.

CHOMSKY, N. *Aspects of the theory of syntax*. Cambridge: MIT Press, Cambridge, 1965.

CHOMSKY, N. Remarks on nominalization. *In*: JACOBS, R.; ROSENBAUM, P. (eds.). *Readings in english transformational grammar*. Waltham: Ginn & Co., 1970. p. 184-221.

CORBIN, D. La forme et le sens: explorations des rélations dérivationelles en français. *Quaderni di Semantica*, [s. l.], v. V, n. 1, p. 58-69, 1984.

DI SCIULLO, A. M.; WILLIAMS, E. *On the definition of word*. Cambridge: MIT Press, 1987.

FROTA, M. P. *A expressão do pejorativo em construções morfológicas*. Dissertação (Mestrado em Letras) – Pontifícia Universidade Católica do Rio de Janeiro, Rio de Janeiro, 1985.

GAMARSKI, L. *A derivação regressiva*: um estudo da produtividade lexical em português. Tese (Doutorado em Linguística) – Universidade Federal do Rio de Janeiro, Rio de Janeiro, 1984.

GUILLÉN, V. *Verbos em -izar em português*: um estudo da produtividade. Dissertação (Mestrado em Letras) – Pontifícia Universidade Católica do Rio de Janeiro, Rio de Janeiro, 1986.

GUNZBURGER, M. L. G. *Previsibilidade semântica em nominais correspondentes a verbos intransitivos*. Dissertação (Mestrado em Letras) – Pontifícia Universidade Católica do Rio de Janeiro, Rio de Janeiro, 1979.

HALLE, M. Prolegomena to a theory of word formation. *Linguistic Inquiry*, Cambridge, v. 4, n. 1, p. 3-16, 1973.

JACKENDOFF, R. Morphological and semantic regularities in the lexicon. *Language*, [s. l.], v. 51, n. 3, p. 639-671, 1975.

KASTOVSKY, D. The problem of productivity in word formation. *Linguistics*, Haia, v. 24, n. 3, p. 585-600, 1986.

LYONS, J. *An introduction to theoretical linguistics*. Cambridge: Cambridge University Press, 1968.

MARLE, J. van. The domain hypothesis: the study of rival morphological processes. *Linguistics*, Haia, v. 24, n. 3, p. 601-627, 1986.

MIRANDA, N. S. *Agentivos denominais e deverbais*: um estudo da produtividade lexical em português. Dissertação (Mestrado em Linguística) – Universidade Federal do Rio de Janeiro, Rio de Janeiro, 1980.

ROCHA, L. C. *Teoria sufixal do léxico do português aplicada às formações nominais de Guimarães Rosa*. Tese (Doutorado em Letras Vernáculas) – Universidade Federal do Rio de Janeiro, Rio de Janeiro, 1992.

ROSA, M. C. *A formação de aumentativos em português*. Dissertação (Mestrado em Linguística) – Universidade Federal do Rio de Janeiro, Rio de Janeiro, 1983.

SAUSSURE, F. *Cours de Linguistique Générale*. Paris: Payot, 1916.

Coleção de Linguística

Acesse
livrariavozes.com.br/colecoes/colecao-de-linguistica
para ver a coleção completa

Conecte-se conosco:

f facebook.com/editoravozes

⊙ @editoravozes

𝕏 @editora_vozes

▶ youtube.com/editoravozes

⊙ +55 24 2233-9033

www.vozes.com.br

Conheça nossas lojas:

www.livrariavozes.com.br

Belo Horizonte – Brasília – Campinas – Cuiabá – Curitiba
Fortaleza – Juiz de Fora – Petrópolis – Recife – São Paulo

  Vozes de Bolso

EDITORA VOZES LTDA.
Rua Frei Luís, 100 – Centro – Cep 25689-900 – Petrópolis, RJ
Tel.: (24) 2233-9000 – E-mail: vendas@vozes.com.br